企業価値評価
の教科書

The
Basic Essence
of
Valuation

高辻成彦
Takatsuji Naruhiko

日本能率協会マネジメントセンター

まえがき
―― 企業価値評価とIRは表裏一体

1）本書は筆者の5作目のビジネス本

　本書は、筆者にとって5作目のビジネス本である。前作・『IR戦略の実務』（日本能率協会マネジメントセンター、2020年3月）は、IR（インベスター・リレーションズ、Investor Relations、投資家向け広報）の基礎について、新任のIR担当者が読むためのものとして、できるだけ総合的にまとめるように努めた。IR担当は、アナリストや機関投資家から取材を受ける側であり、『IR戦略の実務』は、言わば外部との対話の基礎として取りまとめた。

　今作は全く逆で、企業価値評価（バリュエーション）の基礎である。取材する側であるアナリストや機関投資家、コンサルタントの初心者のための分析の基礎である。筆者は取材される側である広報・IR担当と、取材する側であるアナリストの双方を経験していることもあり、前作と今作を合わせれば、取材される側、取材する側双方が理解できるように努めた。

2）企業価値評価は特別ではない

　企業価値評価というと、アナリストやコンサルタントなど、特別な存在のもの、というイメージがあるかもしれない。しかし、基本的なことを理解してしまえば、それほど特別なものではない。基本的なことを理解するのがなかなか大変なのである。このため、本書では基本的な内容をできるだけ簡潔に書くように心がけた。

3）企業価値評価は絶対ではない

　ご注意頂きたいのは、企業価値評価は絶対ではない、ということである。例えば、同じ企業を分析する場合でも、時期が違えば、評価結果は変わる。評価する人によっても変わる。絶対的な一つの答えがある、という性質のものではないのである。将来のシナリオを予測して分析する必要がある。

4）筆者は日頃から企業価値評価を実施してきた

　筆者は早稲田大学のファイナンス系ビジネススクールの卒業生であるが、在学中に最も学びたいと思った分野が、企業価値評価だった。学内の授業にとどまらず、実務家の講演を聞きに行ったりして学んだ。その後、アナリストとして多くの企業を取材し、企業価値評価を実施してきたことから、実務は理解しているつもりである。しかし、初心者へ端的にお教えすることが難しい分野であると感じている。理由としては、覚えるべきことが多いからである。まず、財務分析が理解できないと、この分野は理解が難しくなる。従って、財務分析に不安を覚える場合には、『決算書100の基本』（東洋経済新報社、2019年8月）を先に読まれることをお勧めしたい。

5）本書では最低限必要な内容に絞っている

　本書では、詳細に述べて知恵熱が出るよりは、初心者の方でもこれ一冊を読めば企業価値評価ができるようになることを意識して作成した。従って、把握しておくべき数式はできるだけ最低限にとどめるように留意した。

　なお、本書に書かれている内容は、公開情報をベースにしたもので、著者個人の見解である。所属会社とは一切、無関係であることをご了承頂きたい。また、一部の理論・説明については、見解の相違があり得ることをお断りしたい。

目　次

第1章 コーポレート・ファイナンスの基礎

第2章 資本コストの基礎

第3章 ファイナンス関連の財務指標の基礎

第4章　企業価値評価の体系

第5章　取材の基礎

第8章　会社の値段の決め方

第9章　企業価値評価のためのIR

第10章 DCF法のケース

第1章

コーポレート・ファイナンスの基礎

第1節 コーポレート・ファイナンスの基礎

1）ファイナンスは投資決定や資金調達・分配のための意思決定ツール

　ファイナンスは、「投資決定や資金調達・分配のための意思決定のツール」である。どのような投資を行い、どのようにして資金を調達・分配するかは、企業にとっては重要な経営課題である。投資した資金は商品・サービスの販売を通じて収益を生み、その収益を利息や配当で資本市場に還元する。また、収益は内部留保として再投資する場合もある。

　このように、企業が投資決定や資金調達を行う意思決定のツールがファイナンスである。特に、企業の財務的な意思決定のための活動を扱う分野を「コーポレート・ファイナンス（企業財務）」と呼ぶ。これに対して、資本市場における投資家の投資の意思決定を扱う分野を「インベストメント（投資）」と呼ぶ。

　企業価値評価は、コーポレート・ファイナンスの考え方が基礎になっている。本書では原則として、ファイナンス＝コーポレート・ファイナンスとして取り扱う。

図表　ファイナンスの関係図

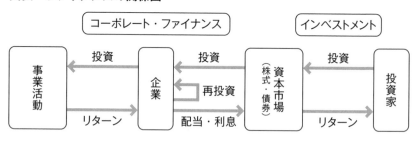

2）ファイナンスは将来キャッシュ・フローから 企業価値を算出

　ファイナンスでは、将来キャッシュ・フローから企業価値を算出する。キャッシュ・フローは、「企業活動によって生じるお金の流れのこと」である。お金の流れには、キャッシュ・イン（入金）とキャッシュ・アウト（支払）があり、実際にキャッシュが支払われたり、受け取ったりした時点で認識されるものである。

　ファイナンスと会計の違いを踏まえると、より理解が深まる。ファイナンスはキャッシュをみるが会計は利益をみる。利益とは、売上から費用を差し引いたものである。会計上の利益は、会計基準に準拠して計算される。仮に利益が出ていても、キャッシュが出ている、とは限らない。利益が出ていても、当座の資金繰りを充足するだけのキャッシュがなければ、資金繰りに行き詰まって倒産してしまう場合もある。

　会計は過去の業績をみるために扱う。貸借対照表、損益計算書、キャッシュ・フロー計算書のいずれも、過去の業績を表したものである。これに対して、ファイナンスは、未来の投資の意思決定や資金調達をするために扱う。予想値を使って投資判断をするのである。

図表　ファイナンスと会計の違い

ファイナンス	会計
キャッシュを重視	利益を重視
未来を扱う （投資や資金調達の意思決定）	過去を扱う （過去の業績をみる）
リスクを勘案した評価	会計基準に準拠した評価
時間的価値を織り込む	時価もあるが、取得原価が多い

3）ファイナンスは予想キャッシュ・フローから 現在価値を求める

　ファイナンスでは、予想キャッシュ・フローから現在価値を求める。具体的には、「企業が将来生み出すと予想するキャッシュ・フローの現在価値の

合計」を企業価値とする。

　ファイナンスの世界では、1年後の100万円（将来価値）よりも現在の100万円（現在価値）の方が、価値があると考える。これを「金銭の時間的価値」と言う。理由は、現在の100万円は金融商品として運用すれば、1年後には100万円に利息が加わった価値を生み出せるからである。また、1年後の100万円よりも現在の100万円の方が、獲得できる確実性が高いことから、同じ100万円であれば、現在の100万円の方がお得である。

　なお、現在価値はPV（＝Present Value）といい、将来価値はFV（＝Future Value）という。

　　現在の100万円　　＞　　1年後の100万円
　　（現在価値、PV）　　　　　（将来価値、FV）

4）キャッシュ・フローの現在価値は割引率で割って求める

　キャッシュ・フローの現在価値は、予想キャッシュ・フローを割引率で割って求める。割引率とは、「将来価値を現在価値に換算する際に使う利率のこと」である。別名でディスカウントレートと言う。

　例えば、5年後のキャッシュ・フローの将来価値が100万円だったとする。割引率が3％だとすると、次のように割引率で割ることによって現在価値を求めることができる。

●5年後の100万円の現在価値

$$（現在価値）＝\frac{100万円 \quad （将来価値）}{(1＋0.03)^5 \quad （割引率）}$$
$$＝86.26万円$$

　これを一般化したのが、次の現在価値と割引率の関係式である。n年後に受け取るX円の現在価値は、割引率r％では、r％をn乗して、次の式になる。

● 現在価値と割引率の関係

$$（現在価値）= \frac{X \quad （将来価値）}{（1+r）^n \quad （割引率）}$$

5）割引率は様々な呼び方がある

　割引率は様々な呼び方がある。最も使われる別名は、資本コストである。資本コストとは、「企業の資金調達に伴うコストのこと」であり、調達面（企業側）からみた呼び方である。一方、期待収益率（期待リターン）とは、「資産運用により獲得が期待できる収益率（リターン）のこと」で、運用面（投資家側）からみた呼び方である。企業価値評価の実務上は決まった計算式を使う程度につき、これらは同じで表裏一体のものと捉えると、スッキリと理解しやすい。

　また、ハードルレートは、「投資判断上、最低限必要とされる利回りのこと」であるが、これも割引率として使うボーダーラインの利率であるので、同じ意味になっていることがある。調達面は企業側、運用面は投資家側で、見方の違いを別の用語で説明しているため、初心者がファイナンスを難解に感じる一因となっている。

● 割引率の呼び方

$$割引率 \begin{matrix} =（調達面・企業側）& 資本コスト \\ =（運用面・投資家側）& 期待収益率（期待リターン） \end{matrix}$$

6）永久に続くケースは割引率のみで割る

　先程、割引率は$（1+r）^n$で表せると説明した。これは、年数が具体的に数えられる場合で、永久に続くことを前提にした場合には、rのみで割引率を表す。

● 一定額のキャッシュ・フローが永久に続く場合

$$PV（現在価値）= \frac{C \quad （キャッシュ・フロー）}{r \quad （割引率）}$$

例えば、毎年100万円のキャッシュ・フローが見込まれるケースで、その割引率が5％だった場合、現在価値は、

$$PV\ (現在価値)\ =\ \frac{100万円}{0.05}$$

$$=\ 2,000万円$$

となる。この式は、一定額のキャッシュ・フローが永続することが前提である。将来キャッシュ・フローを予想する場合には、一定年数を超えると、具体的な数値を予想するのが困難になる。

　そこで、例えば、6年後以降は100万円のキャッシュ・フローが毎年続く、といった具合に、実務上では一定年数以降は同額の将来キャッシュ・フローが継続する仮定を置いて計算する。このように、「予想が立てられる一定年数を超える年度の将来キャッシュ・フローのこと」を継続価値（ターミナルバリュー）と呼ぶ。

7) 成長率が加わるケースは 割引率から成長率を差し引いて割る

　また、将来キャッシュ・フローが毎年一定の割合で成長し続ける場合には、割引率（r）から成長率（g）を差し引いて計算する。

●一定額のキャッシュ・フローが一定の成長率で永久に続く場合

$$PV\ (現在価値)\ =\ \frac{C\ \ (キャッシュ・フロー)}{r-g\ \ (割引率 - 成長率)}$$

　例えば、毎年100万円のキャッシュ・フローが見込まれるケースで、その割引率が5％、毎年3％で成長する場合、現在価値は、

$$PV \,(\text{現在価値}) \;=\; \frac{100\,\text{万円}}{0.05 - 0.03}$$

$$=\; 5,000\,\text{万円}$$

　となる。先程の比較で考えると、キャッシュ・フローが成長する場合の方が、現在価値は大きくなっている。この継続価値の計算方法は、企業価値評価を行う際に継続期間の計算で活用するため、計算方法は押さえておく必要がある。

第2節 現在価値と将来キャッシュ・フロー、割引率、成長率の関係

1）将来キャッシュ・フローが大きければ 現在価値は大きくなる

　ここで、現在価値とその他との関係性をみていきたい。キャッシュ・フローの現在価値は、将来キャッシュ・フローを割引率で割って求める。それでは、将来キャッシュ・フローが大きくなれば、現在価値はどう変化するだろうか？　結論はタイトルの通りで、現在価値は大きくなる。

　例えば、5年後のキャッシュ・フローの将来価値が100万円だったとする。割引率が3%だとすると、現在価値は86.26万円となる。

●5年後100万円の現在価値（割引率3%）

$$（現在価値）= \frac{100万円　（将来価値）}{(1 + 0.03)^5　（割引率）}$$
$$= 86.26万円$$

　それでは、5年後のキャッシュ・フローの将来価値が200万円で、その割引率が3%だった場合にどうなるか。分子が2倍になるので、現在価値も2倍の172.52万円になる。

●5年後200万円の現在価値（割引率3%）

$$（現在価値）= \frac{200万円　（将来価値）}{(1 + 0.03)^5　（割引率）}$$
$$= 172.52万円$$

将来キャッシュ・フローが大きくなればなるほど、現在価値もまた、割引率が同じであれば、大きくなる。

2）割引率が大きければ現在価値は小さくなる

次に、割引率が変化した場合を考える。割引率が大きくなれば、現在価値はどう変化するだろうか？　結論はタイトルの通りで、現在価値は小さくなる。

例えば、5年後のキャッシュ・フローの将来価値が100万円だったとする。先程と同様に、割引率が3％だとすると、現在価値は86.26万円となる。

● 5年後100万円の現在価値（割引率3％）

$$（現在価値）＝\frac{100万円　　（将来価値）}{(1＋0.03)^5　　（割引率）}$$

$$＝86.26万円$$

それでは、5年後のキャッシュ・フローの将来価値が100万円で、その割引率が5％だった場合にどうなるか。分母が大きくなるので、現在価値は小さくなり、78.35万円になる。

● 5年後100万円の現在価値（割引率5％）

$$（現在価値）＝\frac{100万円　　（将来価値）}{(1＋0.05)^5　　（割引率）}$$

$$＝78.35万円$$

3）成長率が大きければ現在価値は大きくなる

次に、成長率が変化した場合を考える。成長率が大きくなれば、現在価値はどう変化するだろうか？　結論はタイトルの通りで、現在価値は大きくなる。

例えば、毎年100万円のキャッシュ・フローが見込まれるケースで、その割引率が5％、毎年3％で成長する場合、現在価値は、5,000万円となる。

● 毎年100万円の現在価値（割引率5％、成長率3％）

$$\text{PV（現在価値）} = \frac{100万円}{0.05 - 0.03}$$

$$= 5,000万円$$

それでは、毎年100万円、割引率5％と同じ条件で、成長率が4％だった場合にどうなるか。分母が大きくなるので、現在価値は大きくなり、10,000万円になる。

● 毎年100万円の現在価値（割引率5％、成長率4％）

$$\text{PV（現在価値）} = \frac{100万円}{0.05 - 0.04}$$

$$= 10,000万円$$

4）感応度分析で妥当性を検証する

1）〜3）をまとめると、将来キャッシュ・フロー、成長率は、大きくなれば現在価値もまた大きくなるが、割引率は大きくなれば現在価値は小さくなる。

● 各項目と現在価値との関係

将来キャッシュ・フロー	↑		
成長率	↑	➡	現在価値 ↑
割引率	↓		

実務上、将来キャッシュ・フローから現在価値を求める際に使われるのが、感応度分析（感度分析）である。感応度分析とは、「ある要素（変数・パラメータ）が予測値から変動した場合、企業価値にどの程度の影響を与えるかを見る分析のこと」である。

特に成長率は将来の仮定として置くため、実務上は異なる成長率で数値の妥当性を検証する必要がある。3）のケースでも、成長率が1％変化しただけで現在価値は2倍になっており、変化が大きい。

5）ファイナンスはリスクの大きい投資ほど 期待するリターンも大きい

　ファイナンスでは、リスクの大きい投資ほど期待するリターン（期待収益率）も大きい。リスクとは、「将来の不確実性のこと」である。投資した結果、投資に見合うリターンが得られるかどうかは確実ではない。

　リスクは、「期待リターンのばらつき」で表すことができる。リスクが大きければ、期待するリターンのばらつきは大きくなる。リスクのばらつきは、標準偏差で表す。標準偏差が大きければ、リスクが大きいことを意味する。

　ファイナンスの世界では、「危険回避的な投資家」が前提になっている。危険回避的な投資家は、

　　リスクの程度が同じであれば、リターンがより大きい方を選択する
　　リターンの程度が同じであれば、リスクがより小さい方を選択する

といった性格を有している。リスクが大きければ大きいほど、求めるリターンも大きくなる。これを「ハイリスク・ハイリターンの原則」と呼ぶ。なお、経済学では、投資家の行動について、リスクに対する態度によって、

　　危険中立的
　　危険回避的
　　危険愛好的

の3つに分類している。ファイナンスでは投資家は危険回避的が前提である。

　リスクの大きな投資ほど高いリターンを期待することから、リスクの大きな投資ほど、高い割引率で控除して現在価値を求めることになる。ファイナンスの世界では、割引率でリスクを控除する。割引率の大きさは、リスクの大きさに応じて決まる。割引率で不確実性のリスクを控除することで、将来価値を現在価値に換算しているのである。

第3節 ファイナンスの基本指標はNPVとIRR

1）NPVは額がプラスになるかを判断

ファイナンスでは、代表的な投資判断の指標として、NPVとIRRの2つがある。NPVとは、正味現在価値（Net Present Value）のことで、「プロジェクトが生み出す現在価値の合計」である。NPVは、PV（現在価値）から初期投資額を差し引いて求める。投資判断の基準としては、NPVがプラスであれば投資する、というものである。

● NPVの計算式

NPV（正味現在価値）＝ PV（現在価値）－ 初期投資額

● NPVの投資判断の基準

NPVがプラス　　→　投資すべきである

NPVが0　　　　→　投資しても企業価値は変わらない

NPVがマイナス　→　投資すべきではない

NPVは、第2節までのPV（現在価値）の話に初期投資額を差し引く話が加わっただけで、基本的には第2節までの話と同じである。次のケースでイメージを掴んでいきたい。

NPVのケース

メーカー A社が工場の建設を考えている。工場の建設には初年度に100億円の設備投資が必要となるが、その後は5年にわたり毎年50億円のキャッシュを生み出すことが見込まれる。割引率を5%とすると、A社は工場の建設

を行うべきだろうか?

【解説】

このケースの現在価値 (PV) を図示すると、以下の通りになる。

年数	0年目	1年目	2年目	3年目	4年目	5年目
キャッシュ・フロー	-100	50	50	50	50	50
割引率		1.05	1.05^2	1.05^3	1.05^4	1.05^5
現在価値		47.62	45.35	43.19	41.14	39.18

1年目は50億円のキャッシュ・フローに対して、1 + 0.05で割ることで現在価値を計算し、47.62億円と求める。2年目は1 + 0.05の2乗で割って45.35億円、3年目は3乗で割って43.19億円、4年目は4乗で割って41.14億円、5年目は5乗で割って39.18億円、といった具合でそれぞれ割っていく。そしてそれぞれの現在価値を合計すると、5年間で得られるキャッシュ・フローの現在価値の和は216.47億円となる。

一方、初期投資額は設問の文章から100億円かかっている。そこで、NPVを求めると、

$$NPV = 216.47 - 100$$
$$= 116.47億円 > 0$$

となる。NPVは116.47億円でプラスの数値であるので、「このプロジェクトは投資すべき」という結論になる。NPVがプラスになるということは、このプロジェクトに投資すると、116.47億円のキャッシュを獲得できる、ということを意味する。

これを年ごとの個別計算ではなく、計算式で表すと、PVは、

$$PV（現在価値）= \frac{50}{0.05} \times \left\{ 1 - \frac{1}{(1+0.05)^5} \right\}$$
$$= 216.47億円$$

となる。NPVは先程と同様、初期投資額の100億円を差し引いて116.47億円となる。

1年おきのキャッシュ・フローの金額から個別に割引率で割って足し上げれば、確実に解答へと導くことができる。キャッシュ・フローの金額が一定の場合には、計算式さえ覚えてしまえば、計算する時間が省略できるため、便利である。

なお、ExcelでNPVを計算する場合には、NPV関数がある。図示すると、以下の通りである。

● NPV関数の計算

	A	B	C	D	E	F	G	H	I	J	K	L	M
1	年数	0年目	1年目	2年目	3年目	4年目	5年目		割引率		NPV		
2	キャッシュ・フロー	-100	50	50	50	50	50		5%		216.47		=NPV(I2,C2:G2)
3	割引率		1.05	1.05^2	1.05^3	1.05^4	1.05^5						
4	現在価値		47.62	45.35	43.19	41.14	39.18						

先程と同じ計算がExcelの関数で一度にできる。NPV関数で、割引率5%（I2）と、1年目（C2）～5年目（G2）までのキャッシュ・フローの金額を選択し、リターンを押してみる。NPV関数で求めると、216.47億円と計算される。

しかし、216.47億円はNPVではない。現在価値（PV）の合計額である。NPV関数では、初期投資額を差し引く計算式が含まれていない。そこで、NPV関数の答えである216.47億円から初期投資額の100億円を引くと、NPVである116.47億円が求められる。

NPV関数を使う場合、計算結果から更に初期投資額を差し引く必要がある点に注意が必要である。

2）IRRはハードルレートと比較してどれだけ高いかを見る

NPVと同様に重要な指標がIRRである。IRRとは、内部収益率（Internal Rate

of Return) のことで、「NPVがゼロとなる割引率のこと」である。投資にあたり、NPVがゼロとなる割引率はいくらかを求め、その割引率が収益率のハードルレートより大きいかどうかを検証する。ハードルレートとは、「投資判断上、最低限必要とされる利回りのこと」である。投資判断として比較するボーダーラインの利率である。投資判断の基準としては、IRRがハードルレートより大きければ投資する、というものである。

● IRRの定義
IRR ＝ NPVがゼロとなる割引率（別名：内部収益率）

● IRRの投資判断の基準
IRR ＞ ハードルレート → 投資すべきである
IRR ＝ ハードルレート → 投資してもハードルレート程度
IRR ＜ ハードルレート → 投資すべきではない

IRRのケース1

メーカー A社があるプロジェクト案件への投資を検討している。初年度には800億円の投資が必要となるが、1年後に440億円、2年後に550億円のキャッシュ・フローが生まれるとする。その投資資金は、金融機関から年率10%で借り入れる。A社はこのプロジェクトに投資すべきだろうか?

【解説】

このケースの現在価値 (PV) を図示すると、以下の通りになる。

年数	0年目	1年目	2年目
キャッシュ・フロー	-800	440	550
割引率		$1+r$	$(1+r)^2$

先程のNPVと異なり、割引率が不明である。そこで、方程式で求める。

$$800 = \frac{440}{(1+r)} + \frac{550}{(1+r)^2}$$

$$800(1+r)^2 - 440(1+r) - 550 = 0$$

これを二次方程式の解の公式で解く。二次方程式の解の公式とは、中学校の数学の因数分解で学んだ内容である。二次方程式の公式は、

$$x = \frac{-b \pm \sqrt{b^2 - 4ac}}{2a}$$

である。そこで、この公式を当てはめて計算すると、

$$r = \frac{\{-(-440) \pm \sqrt{(-440)^2 - 4 \times 800 \times (-550)}\}}{(2 \times 800)} - 1$$

$$\fallingdotseq 0.1486$$

$$= 14.86\%$$

となる。

　設問では金融機関からの金利は年率10％だったことから、ハードルレートは10％となる。IRRは14.86％であり、IRR＞ハードルレートで投資すべき、という判断になる。

　このような手計算で求めていくのは時間がかかり、難解である。ここでは手計算ができるように2年間と、年数が少ないケースを挙げたが、実務上はExcelを使わないと厳しいものがある。そこで、Excelを使った計算のケースをみてみたい。

IRRのケース2

メーカーA社が工場の建設を考えている。工場の建設には初年度に100億円の設備投資が必要となるが、その後は5年にわたり毎年25億円のキャッシュを生み出すことが見込まれる。その投資資金は、金融機関から年率6%で借り入れる。A社は工場の建設を行うべきだろうか?

【解説】

このケースの現在価値(PV)を図示すると、以下の通りになる。

年数	0年目	1年目	2年目	3年目	4年目	5年目
キャッシュ・フロー	-100	25	25	25	25	25
割引率		$1+r$	$(1+r)^2$	$(1+r)^3$	$(1+r)^4$	$(1+r)^5$

求めたい割引率は不明である。そこで、ExcelのIRR関数を使う。図示すると、以下の通りになる。

● IRR関数の計算

	A	B	C	D	E	F	G	H	I	J	K	L
1	年数	0年目	1年目	2年目	3年目	4年目	5年目		IRR			
2	キャッシュ・フロー	-100	25	25	25	25	25		7.93%		=IRR(B2:G2)	
3	割引率		$1+r$	$(1+r)^2$	$(1+r)^3$	$(1+r)^4$	$(1+r)^5$					
4												

IRR関数で0年目の初期投資額(B2)と1年目(C2)〜5年目(G2)までのキャッシュ・フローの金額を選択して、リターンを押す。IRR関数で求めると、7.93%と出る。

設問では金融機関からの金利は年率6%だったことから、ハードルレートは6%となる。IRRは7.93%であるため、IRR>ハードルレートで投資すべき、という判断になる。

IRRの場合、Excelを使わなければ計算できないことが多いため、Excelを使いこなせるようにする必要がある。

3）企業価値評価のハードルレートとしては
　 2つの指標を比較する

　IRRでハードルレートの話を取り上げた。ハードルレートとは、「投資判断上、最低限必要とされる利回りのこと」である。投資判断として比較するボーダーラインの利率である。

　企業価値評価の実務では、株主資本コストと加重平均資本コストの2つの指標をハードルレートとして比較することになる。

　資本コストの詳細な説明は第2章で取り上げることとするが、ここでは何と何を比較するかを紹介したい。まず、株主資本コストとの比較対象は、ROE（自己資本利益率）である。加重平均資本コストとの比較対象はROIC（投下資本利益率）である。資本コストはハードルレートとして使われる。

　ROEが株主資本コストより高ければ、企業価値を生み出せていると言える。また、ROICが加重平均資本コストよりも高ければ、企業価値を生み出せていると言える。株主資本コストではCAPM、加重平均資本コストではWACCという概念と公式が出てくることになるため、詳しくは第2章で学んでいくことになる。

検証する指標　　　　ハードルレート
ROE　　　　＞　　株主資本コスト（CAPM）
ROIC　　　　＞　　加重平均資本コスト（WACC）

4）伊藤レポートはハードルレートに言及した政府見解

　伊藤レポートとは、2014年8月に公表された、伊藤邦雄一橋大学教授（当時）を座長とした、経済産業省の「持続的成長への競争力とインセンティブ〜企業と投資家の望ましい関係構築〜」プロジェクトの最終報告書の通称である。

　企業が投資家との対話を通じて持続的成長に向けた資金を獲得し、企業価

値を高めていくための課題を分析し、提言を行っている。ROEの目標水準を8％と掲げたことで、実務界から大きな反響があった。また、2017年10月にはアップデート版にあたる「伊藤レポート2.0」が公開された。

　企業のハードルレートは、業界や企業それぞれの特性や状況に応じて異なるものであるが、ハードルレートの基準を公的機関が示したことで、ファイナンスの普及が進むことになるきっかけの一つになった取り組みと言える。

第2章

資本コストの基礎

第1節 資本コスト＝期待収益率（期待リターン）

1）割引率＝資本コスト＝期待収益率（期待リターン）

第2章では、資本コストの基礎について取り上げる。本書は実務の基本書という位置付けであるため、実務の観点で説明したい。

第1章では、割引率には様々な呼び方があることを説明した。最も使われる別名は、資本コストであると述べたと思う。

資本コストとは、「企業の資金調達に伴うコストのこと」であり、調達面（企業側）からみた呼び方である。一方、期待収益率（期待リターン）とは、「資産運用により獲得が期待できる収益率（リターン）のこと」で、運用面（投資家側）からみた呼び方である。企業価値評価の実務上は決まった計算式を使う程度につき、これらは同じで表裏一体のものと捉えると、スッキリと理解しやすい。

多くのコーポレート・ファイナンスの本では、ここでポートフォリオ理論の基礎に入っていくが、違いの説明がなく、調達面は企業側、運用面は投資家側で、見方の違いを別の用語で説明しているため、初心者はファイナンスを難解に感じる一因となっている。

●割引率の呼び方

割引率 ＝（調達面・企業側）資本コスト
　　　 ＝（運用面・投資家側）期待収益率（期待リターン）

企業価値評価の実務では、予想キャッシュ・フローから、将来の不確実性（リスク）を割り引くために資本コストを計算して使っていくことになる。具体的には、CAPMとWACCという概念・数式を実務で活用することになるため、最低限の考え方を理解しておく必要がある。

2）資本コストは2種類から構成される

資本コストの主な構成としては、2つある。1つは、株主資本コストである。株主資本コストとは、「企業が株式を発行して調達する資金にかかるコストのこと」である。運用する側からすれば期待収益率であるが、資金調達する企業側の視点からすれば株主資本コストと呼ぶのである。

もう1つは、負債コストである。負債コストは、「債権者の要求する収益率（期待収益率）のこと」である。いわゆる貸したお金の利子である。企業側からみれば、「企業が債権者に支払う金利」である。

資本コストは、株主資本コストと負債コストを加重平均して求める。このため、全体の資本コストは、加重平均資本コスト（WACC、Weighted Average Cost of Capital）と呼ばれる。

図表　資本コストの構成

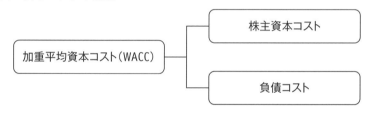

3）株主資本コストはCAPMから求める

株主資本コストは、「企業が株式を発行して調達する資金にかかるコストのこと」である。運用する側からすれば期待収益率（期待リターン）であるが、資金調達する企業側からみれば株主資本コストと呼ぶ訳である。株主資本コストは、CAPM（Capital Asset Pricing Model）と呼ばれる式の計算から求める。日本語では、資本資産価格モデルと呼ばれ、CAPMは「キャップエム」と呼ばれる。株主資本コストの単位は％である。

CAPM
$$R_E = r_f + (R_M - r_f)\,\beta$$
r_f ：リスクフリーレート

R_M：株式市場全体の期待収益率

β：個別銘柄のベータ値

　R_Eは、株主資本コスト（個別銘柄の株式の期待収益率）である。Mは「市場ポートフォリオ（Market Portfolio）」と呼ぶ。市場ポートフォリオとは、「市場に存在する全ての危険資産をその時価総額の比率で含んだポートフォリオ」である。R_Mは、市場ポートフォリオの期待収益率である。

　リスクフリーレート（r_f）は、「無リスク金利」とも呼ばれ、「リスクがゼロか、極小の無リスク資産から得ることのできる利回りのこと」を言う。通常、主に国債の利回りを指す。

　βは、「株式市場が1％変化したときに、任意の株式のリターンが何％変化するかを表す係数のこと」である。個別株式の相対的なリスクを表す。βは「ベータ」と読むが、β値「ベータ値」とも呼ぶ。

（$R_M - r_f$）は、マーケットリスクプレミアムと呼ぶ。エクイティリスクプレミアムとも呼ばれる。市場ポートフォリオの期待収益率（株式市場全体の利回り）から、リスクフリーレートを差し引いたものである。

　βは、「株式市場が1％変化したときに、任意の株式のリターンが何％変化するかを表す係数のこと」であるため、市場ポートフォリオのベータは1になる。ここから、次のことが言える。

● βの性質

$\beta > 1$ならば、市場全体の値動きよりも敏感に反応する株式である

$\beta = 1$ならば、市場全体の値動きと同じ反応をする株式である

$0 < \beta < 1$ならば、市場全体の値動きよりも鈍感に反応する株式である

$\beta = 0$ならば、市場全体の値動きとの連動性はない

$\beta < 0$ならば、市場全体の値動きと反対に動く株式である

　それではここで実際に株主資本コストをCAPMで計算してみたい。

株主資本コストの推計ケース

　ある上場企業への投資を検討している。リスクフリーレートが1%、市場ポートフォリオの期待収益率が6%、この上場企業のベータが1.5とすると、この上場企業へ株式投資する場合の期待収益率は何%になるだろうか。

【解説】

　まず、CAPMの式を再確認すると、以下の通りになる。

CAPM
$$R_E = r_f + (R_M - r_f)\beta$$
　r_f：リスクフリーレート
　R_M：株式市場全体の期待収益率
　β ：個別銘柄のベータ値

　リスクフリーレートは1%、市場ポートフォリオの期待収益率が6%、上場企業のベータが1.5であるので、CAPMの式に当てはめると、

$$
\begin{aligned}
R_E &= 1 + (6 - 1) \times 1.5 \\
&= 1 + 7.5 \\
&= 8.5\%
\end{aligned}
$$

になる。なお、市場ポートフォリオの期待収益率が6%ではなく、マーケットリスクプレミアムが6%だった場合は、次の式になる。

$$
\begin{aligned}
R_E &= 1 + 6 \times 1.5 \\
&= 10.0\%
\end{aligned}
$$

　マーケットリスクプレミアムという言葉の場合、市場ポートフォリオの期待収益率からリスクフリーレートを差し引いた数値のことを意味する。

4）株主資本コストは実務では
　　企業固有のリスクプレミアムが加わる

　株主資本コストは、CAPMから求めることを説明したが、実務上はCAPM
の計算式に加えて企業固有リスクが加わる。

　このような処理を行う理由としては、市場全体の動きだけで個別企業のリ
スクを説明することはできないためである。例えば、時価総額の小さい中小
型株の企業の場合、株式の流動性が低いため、取引する際には大手企業より
も売り買いがしにくいことがある。また、非上場企業の場合、株式市場に上
場していないため、中小型株以上に取引リスクが増す。そのため、企業固有
のリスクをリスクプレミアムとして加算するのである。サイズプレミアムと
も言う。

　株主資本コストの実務上の計算式（CAPM＋企業固有のリスクプレミアム）

$R_E = r_f + (R_M - r_f)\beta + \alpha$

　r_f：リスクフリーレート

　R_M：株式市場全体の期待収益率

　β：個別銘柄のベータ値

　α：企業固有のリスクプレミアム

5）株主資本コストの実務での計算方法には決まりがある

　株主資本コストは実務では計算方法に一定の決まりがある。先程は、
CAPMに企業固有のリスクプレミアムを加算することを説明した。CAPM
の各項目について、どこから数値を取るかの対応には個人差があるものの、
一定の決まりがある。

　株主資本コストの実務上の計算式（CAPM＋企業固有のリスクプレミアム）

$R_E = r_f + (R_M - r_f)\beta + \alpha$

　r_f：リスクフリーレート

　R_M：株式市場全体の期待収益率

（$R_M - r_f$）：マーケットリスクプレミアム

β：個別銘柄のベータ値

α：企業固有のリスクプレミアム

(1) リスクフリーレート

　リスクフリーレートは、リスクがゼロか、極小の無リスク資産から得ることのできる利回りのこと」をいい、日本では10年物の国債利回りが使われることが一般的である。20年物の国債利回りが使われることもある。

　利回りは、金融機関（証券会社、銀行）のウェブサイトで直近の金利データを入手することが可能である。財務省では、以下ウェブサイトで国債の金利情報を提供している。月次ベースでは、日本銀行の金融経済統計月報にも載っている。具体的には、「金融1」のPDFファイルの「市場金利等 (3)」に年次、四半期、月次の金利が載っている。

　財務省国債金利情報

http://www.mof.go.jp/jgbs/reference/interest_rate/index.htm

　日本銀行金融経済統計月報

http://www.boj.or.jp/statistics/pub/sk/index.htm/

(2) マーケットリスクプレミアム

　$(R_M - r_f)$ は、マーケットリスクプレミアムと呼ぶ。エクイティリスクプレミアムと呼ぶこともある。市場ポートフォリオの期待収益率（株式市場全体の利回り）から、リスクフリーレートを差し引いたものである。株式市場全体の期待収益率は、日本では東証株価指数 (TOPIX) を使うことが一般的である。東証株価指数は、東京証券取引所第1部に上場している株価をまとめたインデックスである。

　株式市場全体の期待収益率からリスクフリーレートを差し引いたものがマーケットリスクプレミアムである。マーケットリスクプレミアムは、実務上では、イボットソン・アソシエイツが提供する過去のデータを用いて算出することが多いが、法人向けサービスである。

日本では市場金利を反映した国債発行が1970年頃からであるため、それ以降の時期の長期間のマーケットリスクプレミアムを計算する。株価は年単位だと変動が激しく、過去1年間で取ると、マイナスになることも往々にしてある。そこで、投資家は長期間のマーケットリスクプレミアムを想定している、と仮定する。イボットソン・アソシエイツのデータを使わない場合には、実務上は4〜6％程度の数値が使われていることが多い。

（3）β値（ベータ値）（上場企業の場合）

　βは、「株式市場が1％変化したときに、任意の株式のリターンが何％変化するかを表す係数のこと」である。個別株式の相対的なリスクを表す。

　ベータ値は、企業ごとに数値が異なるが、直近5年間のベータ値を取ることが多い。実務上は、ブルームバーグの端末で「証券コード　EQUITY」と入力した後、「BETA」と入力し、ベータ値のデータを入手する。具体的には、修正βと書かれている項目の数値を入手する。証券コードは、例えば、ツガミという会社を調べる場合には、「6101　EQUITY」と入力した後で「BETA」とする。しかし、ブルームバーグの端末使用は法人向けサービスである。

　無料でβ値を取る場合には、ロイターの株価検索から入手する方法と、msnマネーの株価検索から入手する方法がある。ただ、期間の明示がない。日経新聞も直近3年間のβ値を開示しているが、ランキング形式の表示になっていて、証券コード検索では探せない状態である。

ロイター

https://jp.reuters.com/investing/markets

msnマネー

https://www.msn.com/ja-jp/money/markets

上場企業の場合には、仮に法人サービスを受けられなくても、自らβ値を計算することも可能である。LINESTと言われるExcel関数を使って作業することになる。手順としては、

①Yahoo! ファイナンス（https://finance.yahoo.co.jp）にアクセスする
②調べたい会社の証券コードを入力する
③時系列の項目から61ヶ月分の月次株価（調整後終値）データをコピーしExcelに移す
④TOPIXを入力する
⑤時系列の項目から61ヶ月分の月次株価（終値）データをコピーしてExcelに移す
⑥調べたい会社、TOPIXそれぞれの月次株価リターンを60ヶ月分Excelで計算する
⑦LINEST関数で未修正βを計算する
⑧得られた未修正βをもとに、修正βの計算式から、修正βを計算する

といった流れになる。なお、⑧の修正βの補足説明をしたい。

●修正βの計算式

$$修正\beta = 未修正\beta \times \frac{2}{3} + \frac{1}{3}$$

β値には、修正βという考え方がある。これは、「ベータは最終的には市場平均である1に収斂する」という考え方に基づき、算出した未修正βに2/3を乗じてから1/3を足す、という計算をする、というものである。修正βと未修正βのどちらのベータを使用するかは、個別判断による部分もあるものの、実務ではブルームバーグの端末から修正βを入手して使用することが多いため、自ら計算して使用する場合には、この補正処理を行うことがより望ましいだろう。

例えば、ツガミ（証券コード6101）で計算すると、次の通りである。個別銘柄と株式市場全体の共分散/株式市場全体の分散を求めれば良いので、まずは調べる上場企業とTOPIXの月次株価データの60ヶ月分の月次株価変化率を取る。株価はYahoo! ファイナンスなどからデータを取ることが可能である。月次株価変化率とは、以下の通りである。

$$\frac{\text{当月の終値}}{\text{前月の終値}} - 1$$

月次株価変化率の60ヶ月分であるため、実際には61ヶ月分の株価を取る。ここでは、Yahoo! ファイナンスからコピーした後、最新月が下になるように並べ替えを行っている。

No.	6101ツガミ 日付	始値	高値	安値	終値	出来高	↓選択項目 調整後終値*	
	2015年8月	576	596	463	515	14,676,000	515	↓61ヶ月分
1	2015年9月	507	510	431	441	13,254,000	441	
2	2015年10月	442	618	429	596	32,641,000	596	
3	2015年11月	586	623	543	560	19,081,000	560	
4	2015年12月	564	589	500	527	13,088,000	527	
5	2016年1月	520	533	419	438	13,140,000	438	
6	2016年2月	440	443	355	400	13,928,000	400	
7	2016年3月	397	457	386	409	11,350,000	409	
8	2016年4月	409	485	386	462	20,970,000	462	
9	2016年5月	448	485	418	465	14,388,000	465	
10	2016年6月	460	469	385	386	11,920,000	386	

No.	TOPIX 日付	始値	高値	安値	↓選択項目 終値	
	2015年8月	1,659.68	1,702.83	1,410.94	1,537.05	↓61ヶ月分
1	2015年9月	1,526.67	1,528.57	1,371.44	1,411.16	
2	2015年10月	1,422.36	1,570.06	1,414.20	1,558.20	
3	2015年11月	1,539.44	1,609.76	1,523.34	1,580.25	
4	2015年12月	1,585.52	1,607.27	1,502.55	1,547.30	
5	2016年1月	1,532.53	1,544.73	1,301.49	1,432.07	
6	2016年2月	1,448.04	1,463.79	1,193.85	1,297.85	
7	2016年3月	1,295.16	1,384.35	1,284.50	1,347.20	
8	2016年4月	1,343.24	1,412.98	1,250.77	1,340.55	
9	2016年5月	1,316.57	1,380.88	1,289.01	1,379.80	
10	2016年6月	1,369.96	1,374.37	1,192.80	1,245.82	

　61ヶ月分のツガミの調整後終値、TOPIXの終値のデータを取った後は、月間の株価変化率を60ヶ月分取る。

No.	日付	6101ツガミ 調整後終値	TOPIX 終値	6101ツガミ 月次変化率	TOPIX 月次変化率	
	2015年8月	515	1,537.05			
1	2015年9月	441	1,411.16	-0.144	-0.082	↓60ヶ月分
2	2015年10月	596	1,558.20	0.351	0.104	
3	2015年11月	560	1,580.25	-0.060	0.014	
4	2015年12月	527	1,547.30	-0.059	-0.021	
5	2016年1月	438	1,432.07	-0.169	-0.074	
6	2016年2月	400	1,297.85	-0.087	-0.094	
7	2016年3月	409	1,347.20	0.023	0.038	
8	2016年4月	462	1,340.55	0.130	-0.005	
9	2016年5月	465	1,379.80	0.006	0.029	
10	2016年6月	386	1,245.82	-0.170	-0.097	

● β値の計算式

	A	R	S	T	U	V	W	X	Y	Z
1										
2				6101ツガミ	TOPIX	6101ツガミ	TOPIX			
3			日付	調整後終値	終値	月次変化率				
4			2015年8月	515	1,537.05					
5		1	2015年9月	441	1,411.16	-0.144	-0.082	↓60ヶ月分		
6		2	2015年10月	596	1,558.20	0.351	0.104			
63		59	2020年7月	967	1,496.06	0.076	-0.040			
64		60	2020年8月	1,136	1,618.18	0.175	0.082			
65										
66										
67						未修正β	1.840	=LINEST(V5:V64,W5:W64)		
68										

60ヶ月分の対象企業とTOPIXの株価変化率を取ったら、次にLINESTというExcelの関数を使う。回帰分析の関数であるが、

「＝LINEST（対象企業の60ヶ月分の月次変化率,TOPIXの60ヶ月分の月次変化率）」

と選択することで、「1.840」という数値が求められる。これが対象企業のβ値になる。

ここで求められた「1.840」は、ツガミの未修正β値である。そこで、修正βに組み替える処理を最後に行う。修正βの計算式は、次の通りである。

●修正βの計算式

$$修正\beta = 未修正\beta \times \frac{2}{3} + \frac{1}{3}$$

算出した未修正β「1.840」に2/3を乗じてから1/3を足す計算をすると、「1.560」となる。これが修正βである。

$$修正\beta = 1.840 \times \frac{2}{3} + \frac{1}{3}$$
$$= 1.560$$

修正 β と未修正 β のどちらのベータを使用するかは、個別判断による部分もある。実務では、ブルームバーグの端末から修正 β を入手して使用することが多いため、自ら計算して使用する場合には、修正 β に換算する補正処理を行うことがより望ましいだろう。

（4）β 値（ベータ値）（非上場企業の場合）

　（3）の説明は、上場企業の場合の話である。非上場企業の場合には、上場企業の β 値を参考に個別に推定していくことになる。具体的には、同じ業種、同じビジネスモデルの上場企業を調べて推定していくことになるが、次の手順が必要になる。

①類似会社の β 値を入手する
②類似会社の負債を含まないと仮定した場合の β 値を推定する
　（アンレバード化）
③推定 β 値の平均値から評価企業の資本構成に基づく β 値を推定する
　（リレバード化）

　類似会社の β 値について、負債を含まないと仮定した場合の β 値に組み替えることをアンレバード化と言い、組み替えた β 値は資産ベータ（アンレバードベータ）と言う。
　アンレバード化した β 値を評価企業の資本構成に基づく β 値に組み替えることをリレバード化と言い、組み替えた β 値は株式ベータ（リレバードベータ）と言う。
　計算式は、次の通りである。

●類似会社の β 値のアンレバード化

$$\text{資産ベータ（アンレバードベータ）} = \frac{\text{類似会社のベータ}}{\left\{1+(1-t)\times\dfrac{D}{E}\right\}}$$

● 評価企業のβ値へのリレバード化

$$\underset{\text{(リレバードベータ)}}{\text{株式ベータ}} = \left\{ 1 + (1 - t) \times \frac{D}{E} \right\} \times \underset{\text{(アンレバードベータ)}}{\text{資産ベータ}}$$

t：実効税率

D：有利子負債

E：株式時価総額

　類似会社のβ値を類似会社の資本構成をもとに、負債がないと仮定した場合のβ値に組み替える。これを資産ベータ（アンレバードベータ）と呼ぶ。類似会社のβ値は1社のみを選ぶのではなく、複数社選び、その平均値を求める。

　類似会社のβ値をアンレバード化し、平均値を求めたら、今度は評価企業の資産構成をもとにβ値を組み替える（リレバード化する）。これで非上場企業のβ値が作成できる。

未上場企業のβ値のケース

　実際にケースで計算してみよう。未上場企業である評価会社の類似会社が4社あり、以下の通り、各社の資本構成が判明している場合、未上場企業である評価会社のβ値はいくらになるだろうか。

（単位：億円）	A社	B社	C社	D社	評価会社
β値	1.150	0.750	0.600	1.200	不明
株式時価総額	1,000	1,200	1,500	2,000	500
有利子負債	400	300	300	1,000	250
D/Eレシオ	0.40	0.25	0.20	0.50	0.50
実効税率	40%	40%	40%	40%	40%

【解説】

　このケースの類似会社の資産ベータを推計すると、次の通りになる。

（単位：億円）	A社	B社	C社	D社
β値	1.150	0.750	0.600	1.200
株式時価総額	1,000	1,200	1,500	2,000
有利子負債	400	300	300	1,000
D/Eレシオ	0.40	0.25	0.20	0.50
実効税率	40%	40%	40%	40%
資産ベータ	0.927	0.652	0.536	0.923

　類似会社の β 値のアンレバード化の計算式をもとに計算すると、A社は 0.927、B社は 0.652、C社は 0.536、D社は 0.923 がそれぞれの資産ベータとなり、4社の平均値は 0.760 となる。評価企業の β 値へのリレバード化の計算式をもとに計算すると、0.987 となる。

　類似会社の β 値と財務データ、評価企業の財務データが入手できれば、このような計算が可能になる。

（5）企業固有のリスクプレミアム

　企業固有のリスクプレミアムは、サイズプレミアムとも言う。決まった情報ソースから数値を入手するものではなく、個別に事情を考えていく性質のものである。大型株企業の場合には、株式流動性が大きいため、ゼロの場合もあり得る。一方、中小型株企業は株式流動性が小さく、非上場企業の場合には上場していないため、リスクを加算する必要がある。

6）負債コストは企業が債権者に支払う金利

　負債コストは、「債権者の要求する収益率（期待収益率）のこと」である。いわゆる貸したお金の利子である。企業側からみれば、「企業が債権者に支払う金利」である。負債コストは、財務諸表から支払利息と有利子負債で計算したりすることによって求めることができる。負債コストは、次の式で表される。なお、負債コストの単位は％である。

　負債コスト＝リスクフリーレート＋負債リスクプレミアム

企業の借り入れは、政府の借り入れである国債よりも債務不履行リスクが高い。そのため、企業の負債コストには、負債リスクプレミアムが加わる。

　負債コストの推計方法は、次の通りである。

1) 評価企業の借り入れや支払利息の実績から負債コストを推計する
2) 格付けや社債のスプレッドから負債コストを推計する

　1) の財務諸表から求める場合には、以下の計算式となる。実務上はこの方法が簡易である。

$$負債コスト ＝ \frac{支払利息}{\dfrac{（期首有利子負債＋期末有利子負債）}{2}}$$

　2) の場合、類似企業の格付けとそれら企業が発行する社債スプレッドから推定する。スプレッドとは、リスクフリーレートと社債利回りの差である。類似企業と評価企業の格付けや、発行する社債の格付けが等しければ、推定することができる。

　なお、全体の資本コストを計算する際には、負債コストは、実行税率分だけ差し引かれる。

第2節 WACCは全体の資本コスト

1）WACCは2種類の資本コストを加重平均する

　第1節では、株主資本コストと負債コストについて紹介した。第2節では、これら2つを踏まえて全体の資本コストについて説明する。全体の資本コストは、株主資本コストと負債コストを加重平均して求めることから、「加重平均資本コスト（WACC、Weighted Average Cost of Capital）」と呼ばれる。WACCは、次の計算式からなっている。なお、単位は％である。

●加重平均資本コスト（WACC）の計算式

$$WACC = R_E \times \frac{E}{(E+D)} + R_D \times (1-t) \times \frac{D}{(E+D)}$$

R_E：株主資本コスト
R_D：負債コスト
　E：株主資本
　D：有利子負債
　t：実効税率

　全体の資本コストは、WACCを計算することで求めることができる。注意したいのは、株主資本コストと負債コストの式は同じではなく、負債コストの方は（1－t）と、実効税率分を差し引く処理がなされていることである。
　では、WACCを構成する株主資本コストと負債コスト、その他の項目はどうやって求めるのかを説明したい。

（1）株主資本コスト

　株主資本コストは、「企業が株式を発行して調達する資金にかかるコストの

こと」である。運用する側からすれば期待収益率（期待リターン）であるが、資金調達する企業側からみれば株主資本コストと呼ぶ訳である。実務では、CAPMの式をもとに求める。詳細は第1節で触れているが、改めて、以下の式からなっている。

株主資本コストの実務上の計算式（CAPM＋企業固有のリスクプレミアム）

$$R_E = r_f + (R_M - r_f)\,\beta + \alpha$$

r_f ：リスクフリーレート

R_M ：株式市場全体の期待収益率

$(R_M - r_f)$ ：マーケットリスクプレミアム

β ：個別銘柄のベータ値

α ：企業固有のリスクプレミアム

コーポレート・ファイナンスの教科書では、「＋α」の部分が記載されていない場合があるが、実務上は必要な項目のため、ここでは最初から掲載した。「＋α」は、企業固有のリスクプレミアムである。中小型株企業は株式流動性が小さく、非上場企業の場合には上場していないため、リスクを加算する必要がある。

（2）負債コスト

負債コストは、「債権者の要求する収益率（期待収益率）のこと」である。いわゆる貸したお金の利子である。企業側からみれば、「企業が債権者に支払う金利」である。実務上は以下の方法が簡易である。

$$負債コスト = \dfrac{支払利息}{\dfrac{（期首有利子負債＋期末有利子負債）}{2}}$$

（3）株主資本

株主資本は、「株主に帰属する資本」である。上場企業の場合、次のように

求めることができる。

(株式) 時価総額 ＝ 株価 × 自社株控除後発行済株式総数
自社株控除後発行済株式総数 ＝ 発行済株式総数 － 自己株式数

　自社株控除後発行済株式総数とは、発行済株式総数から自己株式数を控除したものである。株価は原則、直近の終値を使う。

（4）有利子負債

　有利子負債とは、「会社が負っている負債のうち、利子をつけて返済しなければならない負債の合計のこと」である。有利子負債には、会社が金融機関からの借り入れで資金調達した借入金や、債券市場から資金調達した社債、転換社債、コマーシャル・ペーパー (CP) などが含まれる。

（5）実行税率

　実行税率とは、「法人の実質的な所得税負担率のこと」である。日本の法人所得税の場合、事業税の損金算入の影響を考慮した上で法人税、住民税および事業税の所得に対する税率を合計したものになる。以下の式で計算されるが、実務上は40％で計算することが多い。実効税率ではなく、法人税率としている場合もある。

　●実効税率の計算式
　実効税率＝
$$\frac{\text{法人税率} ＋ \{(\text{法人税率}×(\text{地方法人税率}＋\text{住民税率}))\} ＋ \text{事業所税率}}{(1＋\text{事業所税率})}$$

WACCのケース

　実際にWACCを計算してみよう。ある上場企業への投資を検討している。リスクフリーレートが1％、市場ポートフォリオの期待収益率が6％、この上

場企業のベータが1.5、負債コストが2%、実効税率を40%、株主資本を60、有利子負債を40とすると、この上場企業へ投資する場合の期待収益率は何%になるだろうか。なお、企業固有のリスクは考慮しない。

【解説】

まず、WACCの式を再確認すると、以下の通りになる。

$$WACC = R_E \times \frac{E}{(E+D)} + R_D \times (1-t) \times \frac{D}{(E+D)}$$

R_E：株主資本コスト

R_D：負債コスト

E：株主資本

D：有利子負債

t：実行税率

株主資本コストであるR_Eは、CAPM式から、

$$R_E = r_f + (R_M - r_f)\beta + \alpha$$
$$= 1 + (6-1) \times 1.5 + 0$$
$$= 8.5\%$$

となる。更にここからWACCを求めると、

$$WACC = 8.5 \times \frac{60}{(60+40)} + 2 \times (1-0.4) \times \frac{40}{(60+40)}$$
$$= 8.5\% \times 0.6 + 2\% \times 0.6 \times 0.4$$
$$= 5.1\% + 0.48\%$$
$$= 5.58\%$$

となる。株主資本コストのみの場合に比べると、必要なデータが多くなる。このケースでは数値が与えられているが、実務ではWACCで資本コストを算

出するために、これらのデータを自ら集める必要がある。

第3章

ファイナンス関連の財務指標の基礎

1）PERは純利益をもとにした指標

　第3章では、ファイナンス関連の財務指標の基礎について取り上げる。理由は、企業価値評価を行う上で知っておかないと、分析ができないためである。具体的には、マルチプル（類似会社比較法）と言われる企業価値評価で活用するものが中心である。第1節では、主な株式指標を取り上げる。代表指標に、PERとPBRの2つがある。まず、PERを紹介したい。

　PER（Price Earnings Ratio）は、株価収益率と呼ばれる。企業の収益に対して、株価が割安かどうかをみる株式指標である。PERとその計算に使う1株当たり純利益（EPS、Earnings Per Share）は、次の式で表される。

$$PER（倍）= \frac{時価総額}{親会社株主に帰属する当期純利益}$$

$$= \frac{株価}{EPS}$$

$$EPS（円）= \frac{親会社株主に帰属する当期純利益}{自社株控除後発行済株式総数}$$

自社株控除後発行済株式総数（株）= 発行済株式総数 － 自己株式数

　PERの分子は時価総額、分母は親会社株主に帰属する当期純利益である。1株単位で考えれば、分子は株価、分母は1株当たり純利益（EPS）となる。基本的に分母の純利益には、予想値が使われる。

　PERの単位は倍である。この数値が低ければ割安、高ければ割高とみる。どれくらいが割安か、割高かは絶対的な基準はなく、競合他社と比較するこ

となどによって判断する。

　赤字企業の場合には、分母の利益がマイナス値になっているため、PERは使えない。赤字企業は他の指標を使って分析する。

PERのケース

　実際にケースで計算してみよう。上場企業である評価会社で、工作機械メーカーであるツガミ（証券コード6101）と、その類似会社である工作機械メーカーが2社あり、以下の通りの数値が与えられている場合、最もPERが割安な会社はどこだろうか。親会社株主に帰属する当期純利益は、会社計画で開示されている予想値である。

	6101	6143	7718
	ツガミ	ソディック	スター精密
決算期	3月	12月	12月
親会社株主に帰属する当期純利益(予想)(百万円)	1,900	500	100
株価(円)	1,218	750	1,398
発行済株式総数(千株)	55,000	53,363	45,091
自己株式数(千株)	3,160	6,310	9,803

【解説】

　このケースの各情報を計算すると、以下の通りになる。ここではツガミの場合を計算する。

	6101	6143	7718
	ツガミ	ソディック	スター精密
時価総額(百万円)	63,141	35,289	49,333
自社株控除後発行済株式総数(千株)	51,840	47,053	35,288
EPS(円)	36.65	10.63	2.83
PER(倍)	33.2	70.6	493.3

　まず、自社株控除後発行済株式総数を計算する。求め方は、発行済株式総

数から自己株総数を引く。

$$55,000.000 （千株） - 3,160.397 （千株） = 51,839.603 （千株）$$

である。図表では千株の数値しか表記していないが、実務では1株単位まで計算する必要がある。

次に、EPSを求める。EPSは親会社株主に帰属する当期純利益を自社株控除後発行済株式総数で割ることで計算できる。

$$\frac{1,900 （百万円）}{51,839.603 （千株）} = 36.65 （円）$$

となる。PERは、株価をEPSで割れば求められるので、

$$\frac{1,218 （円）}{36.65 （円）} = 33.2 （倍）$$

となる。他の2社を同様に計算すると、

ソディック（証券コード6143）　　70.6（倍）
スター精密（同7718）　　　　　493.3（倍）

となるので、3社を比較すると、ツガミが33.2倍で最も割安で、次にソディックで70.6倍、最も割高なのはスター精密で493.3倍、という順番になる。

【実務上のEPSの計算方法】

実務でEPSを計算する場合には、前期末の自社株控除後発行済株式総数と、直近の自社株控除後発行済株式総数の平均値を使って計算する。計算式は、次の通りとなる。

$$\frac{\text{親会社株主に帰属する当期純利益}}{\dfrac{(\text{前期末の自社株控除後発行済株式総数＋直近の自社株控除後発行済株式総数})}{2}}$$

　上場企業の発行済株式数は、自社株買い（自己株式を株式市場から自ら買い戻すこと）などの対応により、年間で大きく変動する会社もあり、このように平均値を取ることで、補正処理をかける。

【実務上のPERの考え方】

　基本的にPERは予想値を使う。将来の収益改善の方向性が割高か割安かをみるためである。元となる親会社株主に帰属する当期純利益は、今回のケースでは会社計画の数値をそのまま掲載した。

　実際には、どの数値を使うかはケースバイケースである。例えば、アナリストが自らアナリストレポートを書く場合には、自ら予想値を作ることになる。評価対象となる会社の会社計画を参考にはするものの、会社計画通りの予想値になるとは限らない。会社計画の予想値が妥当かどうかを判断した上で予想するためである。会社計画がない中で予想する場合もある。

　財務コンサルタントが企業価値評価を行う場合には、事業会社から得た事業計画をもとに作成したりする。

　PERはどの水準が適正か、といった絶対的な水準はないため、同じ業種や競合他社との比較で評価することになる。

　今回のケースは機械業界の代表製品である工作機械のメーカーを扱っているが、コロナ禍の最中での予想値を使っているため、3社とも予想PERが非常に高くなっている。機械業界の場合、平常時であれば、10倍～30倍程度が一つの目安で、20倍を超えるような会社は、成長性が高い会社とみられていることが多い。従って、割安だから投資対象として正しい、とは一概には言い切れない。成長性が高いと投資家からみられている会社は、常に割高な倍率になっていることがあるためである。

　また、リーマンショックやコロナ禍のような景気後退直後の経済状況の場合には、赤字予想の会社が増え、予想PERではみられないケースが多く、

黒字予想の会社で、予想PERでみられても、今回のケースのように平常時よりも高めの数値になる場合が多い。

2) PBRは自己資本をもとにした指標

次に、PBRである。PBR（Price Book-value Ratio）は、株価純資産倍率と呼ばれる。企業が持つ資本に対して、株価が割安かどうかを見る株式指標である。単位は倍である。

PBRと、その計算に使う1株当たり純資産（BPS、Book-value Per Share）は、次の式で表すことができる。

$$PBR（倍） = \frac{時価総額}{自己資本}$$

$$= \frac{株価}{BPS}$$

$$BPS（円） = \frac{自己資本}{自社株控除後発行済株式総数}$$

$$自社株控除後発行済株式総数（株） = 発行済株式総数 - 自己株式数$$

PBRの分子は時価総額、分母は自己資本である。自己資本は、純資産から非支配株主持分と新株予約権を差し引いて求める。自己資本は基本的には実績値を使うが、予想値を使う場合もある。BPSは、自己資本を自社株控除後発行済株式総数で割って求める。

BPSは、会社の全資産を売却した場合に、株主が1株につき手にする金額である。PBRが1倍を下回る場合、全株式を買って会社の資産を売却すれば利益が出る状態なので、株価は割安な水準にあると判断される。逆に、1倍より高ければ割高とされる。

ここで注意したいのは、BPSを1株当たり純資産と呼ぶのに、分子は自己資本であることである。上場企業の場合には、四半期おきに決算短信を情報開示している。日本の会計基準の会社の場合、決算短信の1ページ目に「自

己資本」との記述があり、そこから自己資本の数値を得ることになる。貸借対照表のページに「純資産合計」との記述があるが、こちらではないため、注意が必要である。国際会計基準 (IFRS) の場合には、同じく決算短信の1ページ目に「親会社の所有者に帰属する持分」との記述があり、そこから自己資本の数値を得ることになる。

　数は少ないが、自己資本が決算短信に載っていない場合もある。その場合は、前述の通り、純資産から非支配株主持分と新株予約権を差し引いて自己資本を求める。

　PBRは、予想値、実績値のいずれも使うが、予想値では、貸借対照表 (B/S) の予想が必要になる。実務上は直近の自己資本の実績値で計算することが多い。

PBRのケース

　実際にケースで計算してみよう。上場企業である評価会社で、工作機械メーカーであるツガミ (証券コード6101) と、その類似会社である工作機械メーカーが2社あり、以下の通りの数値が与えられている場合、実績PBRが最も割安な会社はどこだろうか。

	6101	6143	7718
	ツガミ	ソディック	スター精密
決算期	3月	12月	12月
自己資本(実績)(百万円)	33,053	56,773	48,304
株価(円)	1,218	750	1,398
発行済株式総数(千株)	55,000	53,363	45,091
自己株式数(千株)	3,160	6,310	9,803

【解説】

　このケースの各情報を計算すると、次の通りになる。ここでは6101ツガミの場合を計算する。

	6101	6143	7718
	ツガミ	ソディック	スター精密
時価総額(百万円)	63,141	35,289	49,333
自社株控除後発行済株式総数(千株)	51,840	47,053	35,288
BPS(円)	637.60	1,206.59	1,368.84
PBR(倍)	1.91	0.62	1.02

　まず、自社株控除後発行済株式総数を計算する。求め方は、PERの時と同じで、発行済株式総数から自己株総数を引く。

$$55,000.000 （千株） － 3,160.397 （千株） ＝ 51,839.603 （千株）$$

である。図表では千株の数値しか表記していないが、実務では1株単位まで計算する必要がある。

　次に、BPSを求める。BPSは自己資本を自社株控除後発行済株式総数で割ることで計算できる。

$$\frac{33,053 （百万円）}{51,839.603 （千株）} = 637.60 （円）$$

となる。実績PBRは、株価をBPSで割れば求められるので、

$$\frac{1,218 （円）}{637.60 （円）} = 1.91 （倍）$$

となる。他の2社を同様に計算すると、

ソディック（証券コード6143）　　0.62（倍）
スター精密（同7718）　　　　　　1.02（倍）

となるので、3社を比較すると、6143ソディックが0.62倍で最も割安で、

次に7718スター精密で1.02倍、最も割高なのは6101ツガミで1.91倍、という順番になる。

3）PSRは売上高をもとにした指標

　PER、PBRの他にも株式指標がある。PSR（株価売上高倍率、Price to Sales Ratio）は、企業の売上高に対して、株価が割安かどうかをみる指標である。単位は倍である。PBRと、その計算に使う1株当たり売上高（SPS、Sales Per Share）は、次の式で表すことができる。

$$PSR（倍）= \frac{時価総額}{売上高}$$

$$= \frac{株価}{SPS}$$

$$SPS（円）= \frac{売上高}{自社株控除後発行済株式総数}$$

自社株控除後発行済株式総数（株）= 発行済株式総数 − 自己株式数

　PSRの分子は時価総額、分母は売上高で、SPSの分子は売上高、分母は自社株控除後発行済株式総数である。倍率が高いほど、株価は割高と判断される。PSRは新興成長企業の株か水準を測定する指標として用いられている。理由は、新興成長企業の場合、営業赤字であることも多く、赤字だと、PERなどの利益関連の指標では評価ができないためである。PSRもPERやPBRと同様、倍率が低ければ割安、という見方である。

PSRのケース

　実際にケースで計算してみよう。上場企業である評価会社で、工作機械メーカーであるツガミ（証券コード6101）と、その類似会社である工作機械メーカーが2社あり、次の通りの数値が与えられている場合、予想PSRが最も割安

な会社はどこだろうか。

| | 6101 | 6143 | 7718 |
	ツガミ	ソディック	スター精密
決算期	3月	12月	12月
売上高（予想）（百万円）	45,000	54,500	41,000
株価（円）	1,218	750	1,398
発行済株式総数（千株）	55,000	53,363	45,091
自己株式数（千株）	3,160	6,310	9,803

【解説】

　このケースの各情報を計算すると、以下の通りになる。ここではツガミの場合を計算する。

| | 6101 | 6143 | 7718 |
	ツガミ	ソディック	スター精密
時価総額（百万円）	63,141	35,289	49,333
自社株控除後発行済株式総数（千株）	51,840	47,053	35,288
SPS（円）	868.06	1,158.28	1,161.86
PSR（倍）	1.40	0.65	1.20

　まず、自社株控除後発行済株式総数を計算する。求め方は、PER、PBRの時と同じで、発行済株式総数から自己株式数を引く。

55,000.000（千株）－ 3,160.397（千株）＝ 51,839.603（千株）

である。図表では千株の数値しか表記していないが、実務では1株単位まで計算する必要がある。

　次に、SPSを求める。SPSは売上高を自社株控除後発行済株式総数で割ることで計算できる。

$$\frac{45,000\,(百万円)}{51,839.603\,(千株)} = 868.06\,(円)$$

となる。予想PSRは、株価をSPSで割れば求められるので、

$$\frac{1,218\,(円)}{868.06\,(円)} = 1.40\,(倍)$$

となる。他の2社を同様に計算すると、

ソディック（証券コード6143）　0.65（倍）
スター精密（同7718）　　　　　1.20（倍）

となるので、3社を比較すると、6143ソディックが0.65倍で最も割安で、次に7718スター精密で1.20倍、最も割高なのは6101ツガミで1.40倍、という順番になる。

4）PCFRはキャッシュ・フローをもとにした指標

　PCFR（株価キャッシュ・フロー倍率、Price Cash Flow Ratio）は、企業のキャッシュ・フローに対して、株価が割安かどうかをみる指標である。単位は倍である。

$$PCFR\,(倍) = \frac{株価}{CFPS}$$

$$= \frac{時価総額}{営業キャッシュ・フロー}$$

$$= \frac{時価総額}{親会社株主に帰属する当期純利益 + 減価償却費}$$

$$\text{CFPS (円)} = \frac{\text{営業キャッシュ・フロー}}{\text{自社株控除後発行済株式総数}}$$

$$= \frac{\text{親会社株主に帰属する当期純利益 + 減価償却費}}{\text{自社株控除後発行済株式総数}}$$

自社株控除後発行済株式総数（株）= 発行済株式総数 － 自己株式数

　分子は株価、分子はCFPS（1株当たりキャッシュ・フロー、Cash Flow Per Share）である。CFPSの分母は自社株控除後発行済株式総数である。分子は、営業キャッシュ・フローとする場合と、親会社株主に帰属する当期純利益に減価償却費を加えたものである場合とがある。倍率が高いほど、株価は割高と判断される。

5）EV/EBIT倍率は企業価値が利益の何倍あるかを見る

　EV/EBIT倍率は、EVがEBITの何倍あるかを表す指標である。EBIT倍率とも呼ばれる。企業の買収に必要な時価総額と、買収後の純負債の返済に必要な金額をEBITの何年分で賄えるかを表すものである。EVはイーブイ、EBITはイービットと読む。倍率が高いほど、割高と判断される。

$$\text{EV/EBIT倍率 (倍)} = \frac{\text{EV}}{\text{EBIT}}$$

　　EV ＝ 時価総額 ＋ 有利子負債

　　　　＝ 時価総額 ＋ 純有利子負債（有利子負債－現預金）＋ 非支配
　　　　　　株主持分

　　EBIT ＝ 営業利益

　　　　　＝ 税引前利益 or 経常利益 ＋ 支払利息 － 受取利息

　時価総額 ＝ 株価 × 自社株控除後発行済株式総数

　自社株控除後発行済株式総数（株）＝ 発行済株式総数 － 自己株式数

　分子のEVは、Enterprise Valueの略で、企業価値のことである。分母のEBITは、Earnings Before Interest and Taxesの略である。

EVは、概念上は（株式）時価総額と有利子負債の合計額であるが、実務では、非支配株主持分と現預金を勘案する場合があり、時価総額、純有利子負債（有利子負債−現預金）、非支配株主持分の合計額としている場合もある。本書では、時価総額と有利子負債の合計額とする。

EBITの算出に使用される利益には営業利益のほか、経常利益や税引前当期純利益から算出する方法など、複数存在する。本書では、営業利益とする。

6）EV/EBITDA倍率は国際比較などで使われる

EV/EBITDA倍率は、企業価値（EV、Enterprise Value）をEBITDA（Earnings before Interest, Taxes, Depreciation and Amortization）で割ったものである。EBITDA倍率とも呼ばれる。EBITDAはイービットダー、またはイービットディーエーと読む。EBITDAはEBITに減価償却費を足したものである。倍率が高いほど、割高と判断される。

$$\text{EV/EBITDA倍率（倍）} = \frac{\text{EV}}{\text{EBITDA}}$$

$$\text{EV} = \text{時価総額} + \text{有利子負債}$$
$$= \text{時価総額} + \text{純有利子負債（有利子負債−現預金）}$$
$$+ \text{非支配株主持分}$$

$$\text{EBITDA} = \text{EBIT} + \text{減価償却費}$$
$$= \text{営業利益} + \text{減価償却費}$$
$$= \text{税引前利益 or 経常利益} + \text{支払利息} - \text{受取利息}$$
$$+ \text{減価償却費}$$

時価総額 = 株価 × 自社株控除後発行済株式総数
自社株控除後発行済株式総数（株）= 発行済株式総数 − 自己株式数

EV/EBITDA倍率は、企業の買収に必要な時価総額と買収後の純負債の返済に必要な金額をEBITDAの何年分で賄えるかを表す指標で、簡易買収倍率とも呼ばれている。

EV/EBITDA倍率は、世界的な株価比較の尺度として使われている。グローバル企業で比較する場合、国によって金利水準、税率、減価償却方法などが違うため、収益力を比較しにくい。EBITDAはその違いを最小限に抑えて利益の額を表すことを目的としているため、グローバル企業や、設備投資が多く減価償却費の負担額の多い企業などの収益力を比較する際に用いられる。従って、国際比較する場合には、EBITDAは簡易的な営業利益ではなく、支払利息や受取利息なども勘案した調整を加えた方が良いだろう。なお、M&Aでは、8〜10倍が目安とされており、10倍を超えると割高とみられる傾向がある。

第2節　配当に関する指標

1）配当利回りは購入株価に対して受け取れる配当の割合

　第2節では、配当に関する指標を取り上げる。企業は、株主に対して配当を支払う。配当とは、「株主が、利益配当請求権に基づいて受け取れる利益の分配のこと」である。配当利回りは、「購入した株価に対し、1年間でどれだけの配当を受けることができるかを示す数値」である。基本的には予想値を用いる。

$$配当利回り（\%） = \frac{配当金}{時価総額}$$

$$= \frac{DPS}{株価}$$

$$DPS（円） = \frac{配当金}{自社株控除後発行済株式総数}$$

$$自社株控除後発行済株式総数（株） = 発行済株式総数 - 自己株式数$$

　配当利回りは、購入株価が高くなると下がり、購入株価が低くなると上がる。株主にとっては、配当利回りは高いほど良い。配当予想が高くなれば、配当利回りは上がる。ただし、配当利回りが高ければ良い、という訳ではなく、業績面も踏まえながらみていくことになる。配当予想が高くても、業績悪化の懸念があれば、配当予想通りの配当がなされないリスクもあるためである。

2）配当性向は株主へ利益還元する配当の割合

　配当性向は、「利益の中からどれだけ配当の支払いに回すかを表す指標」

である。基本的には予想値を用いる。配当の支払いについてどれほどの余力を持っているかが分かる。株主にとっては、配当性向は高い方が多くの配当を得られるので望ましい。半面、企業の継続的な成長を考えると、設備投資にも資金を回す必要があるため、配当性向が高い会社＝いい会社、という図式が必ず成り立つ訳ではない。継続的な成長とのバランスが大事である。

$$配当性向（\%）= \frac{配当金}{親会社株主に帰属する当期純利益}$$

$$= \frac{DPS}{EPS}$$

$$DPS（円）= \frac{配当金}{自社株控除後発行済株式総数}$$

$$EPS（円）= \frac{親会社株主に帰属する当期純利益}{自社株控除後発行済株式総数}$$

自社株控除後発行済株式総数（株）＝ 発行済株式総数 － 自己株式数

3）総還元性向は株主へ利益還元する全体の割合

　総還元性向は、「企業が株主に対して還元する利益の割合を表す指標」である。株主還元の方法としては、増配と自社株買いの2つがある。

　増配とは、「企業が前の期よりも配当を増やすこと」である。自社株買いとは、「企業が発行した株式を、その企業が買い戻すこと」である。株式市場での買付や、東証が提供する取引時間外の取引制度（ToSTNeT）を活用する方法などで実施する。

　総還元性向は、配当性向の分子に自社株買いを加味する形になる。株主にとっては、配当性向と同様、高い方が多くの還元を得られるので望ましいが、企業の事業成長のバランスも踏まえてみる必要がある。

$$総還元性向（\%）= \frac{配当金＋自社株買い}{親会社株主に帰属する当期純利益}$$

なお、増資は、「企業が新規に株式を発行して資金を集めること」である。既存の株主にとっては、株式の希薄化が生じるため、忌み嫌うものである。株式の希薄化とは、「企業の発行する株式数が増えたために、1株当たりの株式の権利内容が小さくなること」である。また、減配は、「企業が前の期よりも配当を減らすこと」であり、こちらも既存の株主にとっては望ましくないことである。

図表　株主が望むことと望まないこと

望むこと	望まないこと
利益成長	利益後退
株価上昇	株価下落
増配	減配
自社株買い	増資

第3節 資本コストに関連する財務指標

1) ROEは株主資本コストと対比される

第3節では、資本コストに関連する財務指標をみていく。

ROE（自己資本利益率、Return On Equity）は、「株主が出資した資本でどれだけの利益を獲得したかを表す財務指標」である。高い方が望ましい。

$$ROE（\%）= \frac{親会社株主に帰属する当期純利益}{自己資本}$$

分子は親会社株主に帰属する当期純利益を使う。分母の自己資本は、原則として期首（前期末）の値と、期末の値の平均値を用いる。平均値を使わずに同じ年度で計算する場合もある。

ROEは、3つの式に分解してとらえることができる。これをデュポンシステムと呼ぶ。

●デュポンシステム（ROEの3分解）

$$ROE（\%）= \frac{親会社株主に帰属する当期純利益}{自己資本}$$

$$= \underset{\substack{（当期純利\\益率）}}{\frac{親会社株主に帰属する当期純利益}{売上高}} \times \underset{\substack{（総資産\\回転率）}}{\frac{売上高}{総資産}} \times \underset{\substack{（財務\\レバレッジ）}}{\frac{総資産}{自己資本}}$$

デュポンシステムとは、1919年にアメリカの大手化学メーカー・デュポン社によって考案された財務管理システムである。

デュポン社は、経営改善の目標をROEの向上にあるとし、そのためには、

ROEの構成要素である当期純利益率、総資本回転率、財務レバレッジをそれぞれ改善しなければならないと考えた。

　当期純利益率は「当期純利益/売上高」、総資産回転率は「売上高/総資産」、財務レバレッジは「総資産/自己資本」である。それぞれ高い方が望ましいが、3分解することで、どの要素を改善すればよいかという要因分析をすることができる。3つを掛け合わせると、消去されて当期純利益/自己資本だけが残る。

　当期純利益率は、「売上高のうち、当期純利益がどれだけ占めているかを表す財務指標のこと」である。売上高当期純利益率とも言う。

　総資産回転率は、「企業が保有する資産からどれだけ効率的に売上高を生み出しているかを測定する財務指標」である。単位は回である。

　財務レバレッジは、「負債を梃子（レバレッジ）として使い、自己資本に対してどれだけの資産を作ったか、または事業規模を拡大したかを示す財務指標」である。単位は倍である。負債をどれくらい有効活用しているかを示しており、自己資本比率と逆数の関係にある。この倍率が高くなると、負債過多となるため、注意が必要である。

　ROEが重要なのは、このように要因分解して分析できることに加え、株主資本コストと対比される指標であることである。株主資本コストは、以下の式で表される。

株主資本コストの実務上の計算式（CAPM＋企業固有のリスクプレミアム）

$$R_E = r_f + (R_M - r_f)\,\beta + \alpha$$

r_f：リスクフリーレート

R_M：株式市場全体の期待収益率

β：個別銘柄のベータ値

α：企業固有のリスクプレミアム

　株主資本コストをハードルレートとして、ROEを比較することになる。ハードルレートとは、「投資判断上、最低限必要とされる利回りのこと」である。

ROEが株主資本コストより高ければ、企業価値を生み出せていると言える。なお、「ROEと株主資本コストの差額」をエクイティ・スプレッドと呼ぶ。この数値がプラスであれば、企業価値を生み出せていると言える。

エクイティ・スプレッド ＝ ROE － 株主資本コスト

2014年8月に公表された伊藤レポートでは、ROEの目標水準を8％と掲げたことで、実務界から大きな反響があった。伊藤レポートとは、2014年8月に公表された、伊藤邦雄一橋大学教授（当時）を座長とした、経済産業省の「持続的成長への競争力とインセンティブ〜企業と投資家の望ましい関係構築〜」プロジェクトの最終報告書の通称である。8％という水準も重要だが、企業業績は業種間の違いや経済環境の違いが影響するため、企業価値を生み出しているかを検証するには、エクイティ・スプレッドをみていくことが大事である。

2）ROICは加重平均資本コストと対比される

ROIC（投下資本利益率、Return on Invested Capital）とは、「事業に使ったお金からどれだけの利益を出したかを表す財務指標」である。ROICは次の式で表される。投下資本とは、投資した資本のことであるが、その中身は、調達面と運用面の2つからみることができる。しかし、その計算式の中身については、必ずしも統一されてないため、注意を要する。

$$\text{ROIC (\%)} = \frac{\text{NOPAT (税引後営業利益)}}{\text{投下資本}} \times 100 \quad \text{基本}$$

$$= \frac{\text{営業利益} \times (1-\text{実効税率})}{\text{自己資本} + \text{有利子負債}} \times 100 \quad \text{調達面（原則）}$$

$$= \frac{\text{営業利益} \times (1-\text{実効税率})}{\text{固定資産} + \text{運転資本}} \times 100 \quad \text{運用面}$$

分子の税引後営業利益とは、営業利益から法人税などの実効税率分を差し

引いたものである。NOPAT（Net Operating Profit After Tax）と呼ばれることもある。分母の投下資本とは、事業活動に投じた資金である。税引後営業利益と営業利益×（1 − 実効税率）は同じである。実効税率ではなく、法人税率としている場合もある。

　基本式をより詳細に表したのが、調達面の式と運用面の式である。本書では原則、調達面の式を採用する。

　調達面は、分母に調達面（資金をどのように調達したか＝負債、資本をどう調達したか）の項目を使うという意味である。分母は自己資本＋有利子負債である。株主と債権者の双方にとっての投下資本効率を表している。なお、自己資本の代わりに株主資本を使うケースもあるが、本書では自己資本とする。

　運用面は、分母に運用面（資金をどのように運用したか＝資産をどう運用したか）の項目を使うという意味である。分母は固定資産＋運転資本である。

　運転資本の中身は正味運転資本で、流動資産 − 流動負債で表される。正味運転資本は、流動資産 − 流動負債 ＋ 短期借入金とする場合もあるが、本書では流動資産 − 流動負債とする。

　正味運転資本の代わりに、必要運転資本（＝売上債権＋棚卸資産 − 仕入債務）を使う場合もある。

　ROEが株主にとっての投資効率であるROEを意識した経営であるのに対して、ROICは株主だけでなく債権者も視野に入れた財務指標である。ROICは、全社、あるいは事業部門単位で使われる。そのため、ROIC経営を掲げる企業も出てきている。

　ROICが重要なのは、ROEのように株主だけでなく、債権者も視野に入れることができることに加え、加重平均資本コストと対比される指標であることである。加重平均資本コストは、次の式で表される。

●加重平均資本コスト（WACC）の計算式

$$WACC = R_E \times \frac{E}{(E+D)} + R_D \times (1-t) \times \frac{D}{(E+D)}$$

R_E：株主資本コスト

R_D：負債コスト

E：株主資本

D：有利子負債

t：実効税率

　加重平均資本コストをハードルレートとして、ROICを比較することになる。ROICが加重平均資本コストより高ければ、企業価値を生み出せていると言える。なお、「ROICとWACCの差額」をEVAスプレッドと呼ぶ。この数値がプラスであれば、企業価値を生み出せていると言える。

EVAスプレッド ＝ ROIC － WACC

3）EVA® は投下資本以上の税引後営業利益があるかを見る指標

　EVA®（Economic Value Added）とは、経済的付加価値のことで、「企業が一定期間にどれだけの価値を創造したかをみる指標」である。米国のコンサルティング会社であるスターン・スチュワート社の登録商標になっている。このため、商標登録の®マークが入っている。

　EVA® を数式で表すと次の通りになる。

EVA® ＝ NOPAT（税引後営業利益）－ 資本費用（資本コスト）

　　　 ＝ NOPAT（税引後営業利益）－（期首）投下資本 × 加重平均資本コスト（WACC）

NOPAT（税引後営業利益）＝ 営業利益 ×（1－ 実効税率）

　　　　投下資本 ＝ 自己資本 ＋ 有利子負債（調達面）（原則）

　　　　　　　　 ＝ 固定資産 ＋（正味）運転資本（運用面）

正味運転資本 ＝ 流動資産 － 流動負債

※投下資本の調達面は、「自己資本＋短期借入金＋固定負債」とする場合もある。
※自己資本は、株主資本とする場合もある。
※正味運転資本は、「流動資産－流動負債＋短期借入金」とする場合もある。

　EVA® は、企業が獲得する利益を資金提供者が期待している収益率の水準
と比較するための指標である。具体的には、EVA® はWACCの考え方を業績
評価に組み込んでいくツールである。企業がプラスの利益を上げただけでは、
資金提供者が十分なリターンを受け取ったことにはならない。企業は資金提
供者が要求する資本コストを上回る利益を上げて初めて価値を創造したと言
える。なお、前述のEVAスプレッドがプラスであれば、EVA® もプラスである。
　EVA® は、NOPAT（Net Operating Profit After Tax、税引後営業利益）から資本費用
（＝資本コスト、資金提供者＝債権者と株主、が要求する収益額）を差し引くことにより
計算される。EVA® がプラスであれば、企業価値を高めたことを意味する。
　NOPATは営業利益から実効税率分を差し引いて求めるが、資本コストは、
投下資本×WACCに分解される。
　先程のROICの説明時と同様、投下資本については、調達面と運用面の2
つの見方がある。本書では原則、調達面とするが、投下資本の計算式の中身
は、見解が分かれている

4）MVAは企業価値から投下資本を差し引いた額でEVA® の現在価値

　次に、MVAを取り上げる。MVA（Market Value Added）とは、市場付加価値の
ことで、EVA® と同様、米国のコンサルティング会社であるスターン・スチ
ュワート社の提唱した指標である。MVAを数式で表すと次の通りになる。

　　　MVA ＝ 企業価値 － 投下資本
　　　　　　＝（時価総額＋有利子負債）－（自己資本の簿価＋有利子負債）
　　　　　　＝ 将来のEVA®期待値（予想値）の現在価値合計
　　時価総額 ＝ 株価×自社株控除後発行済株式総数
　　自社株控除後発行済株式総数（株）＝ 発行済株式総数－自己株式数

MVAは、企業の企業価値から投下資本を差し引いた額である。具体的には、時価総額＋有利子負債から、自己資本の簿価＋有利子負債を差し引いたものになる。MVAは、これまで投下された資本からどれだけ上回って価値が創造されたかを表すものである。EVA® は会計期間において企業が創出した価値を表しているのに対して、MVAは将来生み出されると期待（予想）されるEVA®の現在価値の合計を表している。

企業価値をベースにした式に置き換えると、次の通りになる。

企業価値 ＝ 投下資本 ＋ MVA
　　　　 ＝ 投下資本 ＋ 将来のEVA®期待値の現在価値

5）フリー・キャッシュ・フローは企業価値算定の基

最後に、企業価値を算定する上でのベースとなるフリー・キャッシュ・フロー（FCF、Free Cash Flow）について紹介する。FCFとは、「会社が稼いだお金から会社が活動するのに必要なお金を差し引いた余剰資金のこと」である。FCFは、企業価値算定の基である。数式では、次の通りになる。

● FCFの計算式
FCF ＝ 営業利益×（1−実効税率）＋ 減価償却費 − 設備投資 − 運転資本
　　　 の増減

実効税率とは、「法人の実質的な所得税負担率のこと」である。実務上は40％で計算することが多い。実効税率ではなく、法人税率としている場合もある。

減価償却費とは、「一時的な支出を耐用年数（使える年数）に応じて分割して費用計上すること」である。機械設備や建物など、固定資産を所有することになった場合、その耐用年数に応じて減価償却費が発生する。具体的には、定額法、定率法などの償却方法に応じて費用計上する。

しかし、ある年に計上した金額が実際に費用としてキャッシュを支出している訳ではなく、あくまで会計上の処理である。そのため、フリー・キャッ

シュ・フローの計算をする際には、足し上げている。過去の実績値について
は、キャッシュ・フロー計算書のⅠ「営業活動によるキャッシュ・フロー」
の中で「減価償却費」の項目が載っている。

　設備投資とは、「機械設備や建物などの固定資産に資金を投資すること」
である。減価償却費は、設備投資した際に償却方法に応じて費用計上してい
る。設備投資は、実際にキャッシュを支出しているため、利益項目から減額
する。過去の実績値については、キャッシュ・フロー計算書のⅡ「投資活動
によるキャッシュ・フロー」の中で、「有形固定資産の取得」、「有形固定資産
の売却」、「無形固定資産の取得」、「無形固定資産の売却」、といった項目で
載っている。「取得」となっているものは設備投資にカウントし、「売却」と
なっているものは設備投資から減額する。

　運転資本とは、「営業活動に使われている資金のこと」である。ワーキン
グキャピタル（WC、Working Capital）とも言う。営業活動で使う資金であり、式で
表すと次の通りになる。

運転資本 ＝ 売上債権 ＋ 棚卸資産 － 仕入債務
**　　　　 ＝ 流動資産 － 流動負債**

　実際には増減額を計算することになるため、更に分解すると、次の通りに
なる。

運転資本の増減額 ＝ 売上債権の増減額 ＋ 棚卸資産の増減額 － 仕入債務
**　　　　　　　　　の増減額**

　増減額とは、例えば売上債権であれば、予想期間のある時点末時点の貸借
対照表上の売上債権額から、その前の期の期末時点の貸借対照表上の売上債
権額を差し引いた金額である。過去の実績値については、キャッシュ・フロ
ー計算書のⅠ「営業活動によるキャッシュ・フロー」の中で「売上債権の増
加」、「棚卸資産の増加」、「仕入債務の増加」、の3つ項目が増減額として載っ
ている。

なお、本によっては、営業利益ではなく、EBIT（Earnings Before Interest and Taxes）としていることもある。本書ではEBIT＝営業利益としている。

第4章

企業価値評価の体系

1）企業価値評価の体系は3つに分かれる

第4章では、企業価値評価（バリュエーション、Valuation）の体系を取り上げる。

企業価値評価とは、「会社の値段を評価すること」である。企業価値評価には、3つのアプローチ（体系）がある。3つとは、インカム（収入）・アプローチ、マーケット（市場）・アプローチ、コスト（原価）・アプローチである。

図表　企業価値評価の主なアプローチと評価方法

主なアプローチ	評価方法
インカム・アプローチ	DCF法、収益還元法、配当還元法、APV法
マーケット・アプローチ	市場株価法、マルチプル法、類似取引事例法
コスト・アプローチ	修正純資産法、時価純資産法、清算価値法、簿価純資産法

インカム・アプローチとは、「将来や過去のキャッシュ・フローや損益をもとに価値評価を行う手法」である。このアプローチの典型例がDCF法（Discounted Cash Flow Method）である。

マーケット・アプローチとは、「市場において成立する価格をもとに企業価値を算定する手法」である。類似会社比準法や類似取引比準法など、市場の類似例をベースに算定する方法がある。

コスト・アプローチとは、「対象企業の貸借対照表の純資産をベースに企業価値を評価する手法」である。企業が保有する個別の資産価値は会社が将来どれほどのキャッシュを生み出すのかとは無関係であるため、継続企業を前提とした場合には、採用する理論的根拠に乏しいと言われている。

図表　企業価値評価の長所と短所

主なアプローチ	長所	短所
インカム・アプローチ	将来の収益獲得能力を反映できる	継続価値が企業価値の大半を占める
	企業固有のシナリオを反映できる	恣意性が入る余地が大きい
マーケット・アプローチ	市場参加者の総意であり、理解を得やすい	株式市場の歪み等で純粋な企業価値が現れない可能性がある
コスト・アプローチ	客観的な財産価値を反映できる	継続企業（事業）を前提とする場合、理解を得にくい

　3つのアプローチのうち、インカム・アプローチのDCF法が企業価値評価ではよく使われる。

2）企業価値 (EV) は 2 つのアプローチから定義

　インカム・アプローチのDCF法を中心に、企業価値について整理してみたい。企業価値とは、「会社全体の経済的価値のこと」である。EV（Enterprise Value、エンタープライズバリュー）とも呼ぶ。企業価値は、以下の2つのアプローチから定義する。

●企業価値の計算式
企業価値 ＝ 事業価値 ＋ 非事業価値
　　　　＝ 株主価値 ＋ 有利子負債

図表　企業価値の構成

　事業価値とは、「会社が行っている事業が生み出す価値の合計のこと」である。具体的には、会社が行っている事業が生み出す将来のキャッシュ・フ

ローの現在価値のことである。フリー・キャッシュ・フローの将来価値を推
計し、割引率で現在価値に引き直すことによって計算する。

　非事業価値とは、「事業の用に供していない資産のこと」である。例とし
ては、投資有価証券や、遊休不動産などがある。非事業用資産とも言う。

　有利子負債とは、「会社が負っている負債のうち、利子をつけて返済しな
ければならない負債の合計のこと」である。会社が金融機関からの借り入れ
で資金調達した借入金や、債券市場から資金調達した社債、転換社債、コマ
ーシャル・ペーパー (CP) などが含まれる。

　株主価値とは、株主に帰属する価値である。上場企業の場合、「(株式) 時価
総額」のことである。時価総額は、自社株控除後発行済株式総数×株価で構
成される。自社株控除後発行済株式総数とは、自己株式控除前の発行済株式
総数から自己株式数を差し引いたものである。

　この2つの式から、次のことが言える。

株主価値 ＝ 事業価値 ＋ 非事業価値 － 有利子負債
　　　　＝ 自社株控除後発行済株式総数 × 理論株価

　つまり、事業が生み出す将来のキャッシュ・フローを割引率で現在価値に
引き直し、非事業価値を加算してから有利子負債を減額したものが株主価値
で、ここから自社株控除後発行済株式総数で割れば、理論株価が算定できる、
ということになる。上場企業であれば、計算した理論株価と実際の株価を比
較すれば、割安か割高かが判断できる。この計算式は、DCF法から理論株
価を推計する計算過程でもある。

　なお、実務では、企業価値 (EV) の計算として、ここから更に幾つかの項目
を加える場合がある。具体的には、非支配株主持分と現預金である。

$$\text{EV} = 株式時価総額 + 有利子負債 + 非支配株主持分 - 現預金$$
$$\qquad = 株式時価総額 + 純有利子負債 + 非支配株主持分$$

図表　企業価値の構成（詳細）

　現預金を差し引く理由は、M&Aを想定してのことである。仮に対象企業を買収した場合、有利子負債のうち、現預金分は支払えるため、純有利子負債(有利子負債−現預金)とする。非支配株主持分を考慮しない場合もある。

3）インカム・アプローチはキャッシュ・フローから算出

　インカム・アプローチは、キャッシュ・フローから企業価値を算出する。主な方法としては、DCF法、収益還元法、配当還元法、APV法などがある。

（1）DCF法 (Discounted Cash Flow Method) が最も多く使われる

　DCF法 (Discounted Cash Flow Method) は、「評価企業の事業活動から生み出されるキャッシュ・フローを、リスクを考慮した現在価値に割り引くことで事業価値を算出し、非事業価値を加減して企業価値を算定する方法」である。

　DCF法は、株主と債権者に帰属するキャッシュ・フローを割り引く方法であるエンタープライズDCF法と、株主に帰属するキャッシュ・フローを割り引く方法であるエクイティDCF法がある。

● DCF法の種類
エンタープライズDCF法：加重平均資本コストで割り引く
エクイティDCF法：株主資本コストで割り引く

エンタープライズDCF法は、株主資本コストと負債コストの双方を勘案した加重平均資本コスト（WACC）を割引率として、株主と債権者に帰属するキャッシュ・フローを現在価値に割り引くことで企業価値を算定する。

エクイティDCF法は、株主資本コストを割引率として株主に帰属するキャッシュ・フローを現在価値に割り引くことで企業価値を算定する。

実務上は負債も考慮するエンタープライズDCF法が多く用いられるため、本書でDCF法と述べる場合には、エンタープライズDCF法のことを指している。

（2）収益還元法は不動産評価で使われる

収益還元法は、「会計上の利益をもとに、資本還元することにより事業価値を算出し、非事業価値を加減することで企業価値を算定する方法」である。収益還元法は、不動産価格の評価方法で使われる。不動産の場合には、資本コストはキャップレート（Cap Rate、還元利回り、収益還元率）と呼ばれる。その値は、資産の種類や条件によって異なるが、おおむね一般的住宅では5～7％、事業用は8～10％が目安とされている。不動産の純収益とは、「収入から実際に発生した経費を差し引いて求められる収益」である。NOI（Net Operating Income）とも呼ばれる。

●不動産の収益還元法

$$不動産価格 = \frac{純収益}{キャップレート}$$

評価企業の事業計画がない場合に使われる場合もある。予想利益が同額という仮定を置くため、DCF法との比較では、予想値の経年変化を反映することができない。

（3）配当還元法は配当を基に算定

配当還元法（DDM、Dividend Discount Model）は、「将来期待される配当を株主資本コストで割り引くことにより株主価値を算定する方法」である。配当割引

モデルとも言う。安定的に配当を行っている企業の場合に適している。しかし、低位安定配当企業の場合には、株主価値を過小評価してしまう可能性があるほか、無配当企業の場合には、算定できない。

　配当還元法には、ゴードンモデル、2段階成長モデルなどがある。ゴードンモデルは、分子に配当予想、分母に「株主資本コスト－成長率」を用いて計算する。

　●ゴードンモデルの計算式

$$PV = \frac{D}{k-g}$$

PV：現在価値

D：配当予想

k：株主資本コスト

g：成長率

　それでは、配当還元法（配当割引モデル）のケースをみてみたい。

配当還元法のケース

　A社の自社株控除後発行済株式総数が1億株で、親会社株主に帰属する当期純利益が毎年500億円と見込まれ、全額を配当に回す（配当性向は100％）とする。株主資本コストが5％で、成長率が1％とすると、A社株式の理論株価はいくらだろうか。

【解説】

　親会社株主に帰属する当期純利益が50億円で全額を配当に回し、自社株控除後発行済株式総数が1億株あることから、

　50億円 ÷ 1億株 ＝ 50円

が1株当たり配当予想（D）となる。株主資本コスト（k）が5％、成長率（g）が1％であることから、理論株価は、

$$P = \frac{50円}{0.05 - 0.01}$$
$$= 1,250円$$

となる。なお、株価ではなく、現在価値を求める場合には、50円の箇所が50億円になるため、

$$PV = \frac{50億円}{0.05 - 0.01}$$
$$= 1,250億円$$

となる。このケースでは全額を配当に回しているが、実際には配当性向に応じてDの数値が減額される。

（4）APV法は資本構成の変化に柔軟に対応可能

　APV法（Adjusted Present Value Method、調整現在価値法）とは、「企業価値をフリー・キャッシュフロー（FCF）の価値と節税効果の価値に分解して評価する方法」である。「加重平均資本コスト（WACC）は常に一定である」という点を補完するために考えられたものである。この方法ではまず、全額株主資本で調達する、すなわち負債がないとする場合の現在価値を算出し、次に有利子負債による節税効果の現在価値を算出する。

APV ＝ 全額株主資本の現在価値 ＋ 有利子負債による節税効果の現在価値

　この方法の長所は、資本構成の変化にも柔軟に対応できる点である。そのため、事業再生など、資本構成が変わることが想定される場合に使われる。また、事業価値と節税効果の2つの要素に切り分けて算定できるため、要素

ごとに個別に検討することが可能である。

　短所としては、借入金を増やすことによる節税効果を算定できるが、借入金を増やすことで上がる財務リスクを加味することができない。従って、APV法を使う場合は、借入金がその会社の財務リスクを脅かす領域にはないという前提を置く必要がある。

APV法のケース

　ケースでみてみよう。初期投資額400億円で今後5年間100億円のキャッシュ・フローを生むプロジェクトがあるとする。有利子負債は今後5年間で次のように推移し、無借金時の割引率は9%、利子率は4%、税率40%とするとき、現在価値はいくらになるだろうか？

| （単位：億円） | 0年 | 1年後 | 2年後 | 3年後 | 4年後 | 5年後 |
	実績	予想	予想	予想	予想	予想
投資額	-400					
キャッシュ・フロー		100	100	100	100	100
有利子負債		-400	-350	-300	-250	-200

【解説】

　前提条件より、無借金の現在価値と節税効果の現在価値それぞれを計算すると、次の通りになる。

図表　全額株主資本の現在価値

（単位：億円）	0年 実績	1年後 予想	2年後 予想	3年後 予想	4年後 予想	5年後 予想
投資額	-400					
キャッシュ・フロー		100	100	100	100	100
割引率（9%）	1.00	1.09	1.19	1.30	1.41	1.54
現在価値		92	84	77	71	65

NPV	-11

図表　有利子負債による節税効果の現在価値

（単位：億円）	0年 実績	1年後 予想	2年後 予想	3年後 予想	4年後 予想	5年後 予想
有利子負債		-400	-350	-300	-250	-200
利子		16	14	12	10	8
節税効果（40%）		6	6	5	4	3
割引率（4%）	1.00	1.04	1.08	1.12	1.17	1.22
現在価値		6	5	4	3	3

NPV	22

　全額株主資本の現在価値は、割引率9%でキャッシュ・フローを割り引いて求めた現在価値合計389億円から初期投資額400億円を差し引けば、－11億円と求められる。一方、有利子負債による節税効果の現在価値は、利子率4%から各年の利子の金額や現在価値が求められることから、合計額は22億円と求められる。両方の金額を合計したものが答えであるため、

　　－11億円 ＋ 22億円 ＝ <u>11億円</u>

と、プラスになる。この計算結果から、借入金を活用して投資すれば、採

算が得られることになる。

4）マーケット・アプローチは市場の取引例から算出

　マーケット・アプローチとは、「市場において成立する価格をもとに企業価値を算定する手法」である。上場企業のみが活用できる市場株価法や、類似会社比準法や類似取引比準法など、市場の類似例をベースに算定する方法がある。

（1）市場株価法は上場企業が活用できる評価方法

　市場株価法とは、「評価企業が上場企業である場合に、一定期間の平均株価を評価額とする方法のこと」である。株式市価法とも呼ばれる。非上場企業はこの方法は活用できない。一定期間とは、1ヶ月、3ヶ月、6ヶ月、1年間など様々である。株価は、その期間（1ヶ月平均値、3ヶ月平均値、6ヶ月平均値、1年間平均値）の最大値と最小値の範囲を評価レンジとする。

　平均株価の算定は、日々の株価の終値を単純平均する方法があるが、日によって出来高に大きなばらつきができる企業の場合には、出来高加重平均価格を用いる。VWAP（Volume Weighted Average Price）とも言う。

市場株価法のケース

　図はカナモト（証券コード9678）という建機レンタル会社の1ヶ月間の終値と出来高である。（A）終値と（B）出来高を掛け合わせた（A）×（B）の1ヶ月間の合算値から出来高の1ヶ月間の合算値で割ることで、VWAPを算出する。図表のケースはある企業の直近1ヶ月間（2020年9月）の株価（終値）と出来高のデータを取っている。このケースの場合、単純平均の株価は2,360円だが、VWAPの場合、2,355円になる。

図表　カナモトの2020年9月の株価及び出来高推移

日付	(A) 株価（円）	(B) 出来高（株）	(A)×(B)（円）
2020年9月1日	2,292	166,600	381,847,200
2020年9月2日	2,317	150,000	347,550,000
2020年9月3日	2,336	80,200	187,347,200
2020年9月4日	2,337	101,200	236,504,400
2020年9月7日	2,263	284,400	643,597,200
2020年9月8日	2,314	202,700	469,047,800
2020年9月9日	2,280	172,400	393,072,000
2020年9月10日	2,353	190,800	448,952,400
2020年9月11日	2,387	216,700	517,262,900
2020年9月14日	2,432	196,700	478,374,400
2020年9月15日	2,453	116,400	285,529,200
2020年9月16日	2,364	133,000	314,412,000
2020年9月17日	2,366	97,100	229,738,600
2020年9月18日	2,412	114,400	275,932,800
2020年9月23日	2,353	152,700	359,303,100
2020年9月24日	2,361	90,200	212,962,200
2020年9月25日	2,354	82,600	194,440,400
2020年9月28日	2,390	185,600	443,584,000
2020年9月29日	2,435	146,500	356,727,500
2020年9月30日	2,393	185,900	444,858,700
平均値	2,360	153,305	361,052,200
出来高加重平均価格	2,355		

　市場株価法では、一時的な株価の乱高下の発生が異常値かどうかを判断する。その際に使われる方法は、イベント分析である。イベント分析とは、「対象企業の株価や出来高の推移をプレスリリースや報道機関の報道などと照らし合わせて株価への影響を確認し、株価の異常な変動がないかをみる分析」である。

図表　カナモト（証券コード9678）のイベント分析

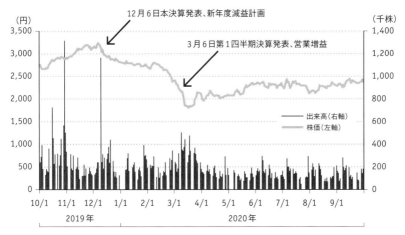

　カナモトの直近1年間（2019年10月～2020年9月）の株価と出来高の推移をみると、2019年12月6日から株価が急降下し、それまで3,000円を超えていたところから2,000円台まで下落している。出来高は2019年12月9日に急激に増えている。カナモトのウェブサイトのIR情報を調べると、2019年12月6日に2019年10月期の本決算発表があり、2020年10月期の減益計画が出ており、この影響であることが分かる。

　また、2020年2月から一段と株価が急降下しているが、これは、新型コロナウイルスの感染拡大の影響である。2020年3月6日に2020年10月期の第1四半期の決算発表があり、実績は営業増益だったが、その後も株価が下落し、2020年3月13日には年初来安値を付けている。この時期は決算内容よりも、新型コロナウイルスの感染者拡大影響が株価を押し下げていたことがうかがえる。

　評価企業によっては数多くのイベントで株価が変動していることもあるため、イベント分析は重要な検証方法である。

（2）マルチプル法（倍率法）は類似会社のデータを活用

　マルチプル法（Multiples Approach、倍率法、株価倍率法）とは、「評価企業に類似し

た上場会社の株価を基礎として評価対象の企業価値を推定する方法」である。別名で類似会社比較法、類似会社比準法などと呼ばれる。市場株価法と同様、マーケット・アプローチの一つで、株式市場の実際の取引に着目している点では市場株価法と同じであるが、類似企業の取引をもとに非上場企業の企業価値を推計する際によく使われる。算定手順は、次の通りである。

①調査対象企業の事業内容の確認
②類似会社の選定
③類似会社の株価倍率の算定
④採用する株価倍率の特定
⑤対象企業の株主資本価値の算定

まず、調査対象企業の事業内容を確認する。調査対象企業はどんな事業を扱っているのか、収益の源泉はどの事業になっているのかなどを確認する。事業構造をざっくりと掴むことで、類似会社の選定のヒントを得る。

次に、評価対象企業の類似会社を選定する。類似会社の選定では、業種や業界だけではなく、規模や事業構成、地域などを総合的に検討し、その類似性を判断する。この類似会社の選定はかなり重要な作業で、評価結果の妥当性に大きく影響する。評価対象企業によってその選別項目は異なるため、調査実施者の腕の見せ所である。なお、証券会社の発行するアナリストレポートでは、上場企業ではあるが、対象銘柄の競合他社の株式指標や事業内容についての比較をしていることが多く、選定作業の際の参考になる。評価対象企業の事業内容によるが、類似会社は5社以上抽出していることが望ましい。

次に、類似会社の株価倍率の算定を行う。算定に使う株式指標は、PER、PBR、PSR、EV/EBIT倍率、EV/EBITDA倍率である。類似会社各社のウェブサイトに掲載された決算短信や有価証券報告書から財務データを入手し、株価や出来高はYahoo!ファイナンスなどからデータを入手することで、各株価倍率の計算を行う。株式投資ではPERやPBRがよく使われるが、M&Aにお

いては、EV/EBIT倍率やEV/EBITDA倍率がよく使われる。

　採用する株価倍率を決めた後は、対象企業の株主資本価値の算定を行う。具体的には、株価倍率と評価対象企業の財務データを乗じて事業価値や株主資本価値を算定する。EV/EBIT倍率やEV/EBITDA倍率を用いる場合は、事業価値に非事業価値や現預金を加算し、有利子負債や非支配株主持分を控除して株主資本価値を算定する。

（3）類似取引事例法は日本のM&Aではあまり使われない
　類似取引事例法は、「対象企業を評価する際に、類似する複数の事例の取引額を基に各種倍率を算出し、それと比較して算定する評価法」である。M&Aや不動産取引で使われる。
　海外ではM&A取引などで用いられるが、日本では詳細に公表されているM&Aの取引実績がなかなかないため、実務ではあまり使われていない。

5）コスト・アプローチは貸借対照表の純資産から算出
　コスト・アプローチとは、「対象企業の貸借対照表の純資産をベースに企業価値を評価する手法」である。評価手法としては、修正純資産法や清算価値法が代表例である。

（1）修正純資産法は重要な項目を時価に置き換える
　修正純資産法とは、「時価と簿価の差額が重要な項目のみを時価に置き換えて算定評価する方法」である。
　これに対して、時価純資産法という方法もある。時価純資産法は、「企業が所有している全財産の価値を評価時点の時価により算定評価する方法」である。しかし、企業の資産・負債の全てをもれなく時価評価することは難しいため、実務では修正純資産法が多い。

修正純資産法のケース

　メーカー A社の財務状況を修正純資産法で評価したい。貸借対照表が以下の通り、与えられているとする。各勘定科目を精査したところ、製品の含み損が15億円、土地の含み益が20億円あったとすると、純資産はどう変わるだろうか。なお、ここでは税効果を考慮していない。

貸借対照表 （単位：百万円）

資産			負債		
	現預金	33,000		支払手形	3,000
	有価証券	100		買掛金	1,500
	受取手形	13,500		借入金	42,100
	製品	8,500			
	土地	8,000			
			純資産		16,500

【解説】

　製品の含み損が15億円、土地の含み益が20億円あったとされているため、

　－15億円 ＋ 20億円 ＝ 5億円

で、純資産は、

　165億円 ＋ 5億円 ＝ 170億円

となり、5億円が加わることになる。

　ケースに言及はないが、有価証券は、決算時に保有目的に応じた評価が行われているため、期末の時価評価がなされている有価証券は修正不要である。ただし、取得原価を基に計上されているものは、時価に修正する必要がある。

（2）清算価値法は事業継続を前提としていない

このほか、コスト・アプローチでは、清算価値法、簿価純資産法がある。

清算価値法とは、「清算（売却）を目的に全ての財産価値を算定評価する方法」である。清算価値法は事業継続を前提としていないため、処分価額で算出される。このため、先程の修正純資産法で使われる再調達原価を大きく下回ることになる。例えば、土地や建物の鑑定評価額を見積もっていても、売却先を早期に探す状況であれば、実際の売却額は鑑定評価額を下回る可能性がある。

また、清算に伴うコストの発生も減額することになる。例えば、社員を解雇する際の割増退職金の支払いや、清算手続きに伴う弁護士への報酬の支払いなどである。

簿価純資産法とは、「企業が所有している全財産の価値を簿価により算定評価する方法」である。過去の取得価格をベースにしているため、企業価値評価の方法としては妥当とは言い難い。

清算価値法のケース

メーカーA社の財務状況について、破産により清算価値法で評価したい。貸借対照表が以下の通り、与えられているとする。各勘定科目を精査したところ、製品の処分価額が15億円、土地の売却価額が20億円であったとすると、清算価値はいくらになるだろうか。

貸借対照表 （単位：百万円）

資産			負債		
現預金	33,000		支払手形	3,000	
有価証券	100		買掛金	1,500	
受取手形	13,500		借入金	42,100	
製品	8,500				
土地	8,000				
			純資産	16,500	

【解説】

製品の処分価額が15億円、土地の売却価額が20億円だったとされているため、

製品：85億円 － 15億円 ＝ 70億円
土地：80億円 － 20億円 ＝ 60億円

が損失額で、合計すると、

70億円 ＋ 60億円 ＝ 130億円

が損失額となる。純資産は165億円であるから、

165億円 － 130億円 ＝ 35億円

で、清算価値は35億円となる。

6）実務上、使う頻度が高いのはDCF法とマルチプル法

第4章では、インカム・アプローチ、マーケット・アプローチ、コスト・アプローチの3つのアプローチを取り上げた。このうち、実務上、使う頻度が高いのはDCF法とマルチプル法である。

上場企業の場合には、DCF法に加え、第3章で取り上げたPER、PBRの3つが基本的な分析方法になる。M&Aなどで適正株価を図る場合には、他の手法も活用する。

非上場企業の場合には、DCF法に加え、マルチプル法を使う。非上場企業は上場企業のように日々の取引株価が存在しないため、マルチプル法で類似企業の株式指標を活用する。

第5章

取材の
基礎

第1節 取材の基礎

1）取材を行う目的は事実誤認を避けること

　第5章では、取材の基礎について取り上げる。企業価値評価を行うに当たっては、評価企業を取材した上で実施するのが通常である。取材が必要であるのは、主に次の情報をもとに企業価値評価を実施する必要があるためである。

　　（1）事業構造の把握
　　（2）競合状況の把握
　　（3）市場環境の把握
　　（4）規制動向の把握
　　（5）リスク要因の把握
　　（6）財務状況の把握
　　（7）将来の業績の方向性の確認

　取材なしで情報収集を行うことも可能ではあるが、取材なしで評価企業の事業構造を正しく把握することは難しい。外部情報だけで判断すると、事実誤認が生じるリスクが高い。また、直近の経営状況は、評価企業の方が詳しいことから、取材は避けては通れないプロセスである。

　取材を行うにあたっては、筆者が提唱する「ビジネスリサーチの4S」の視点を意識して調べることをお勧めしたい。ビジネスリサーチの4Sとは、以下の通りである。

　●ビジネスリサーチの4S
　　・構造（Structure）…業界構造を調査報告書等で調べる

・統計（Statistics）…業界統計の有無を確認する
・シェア（Share）…市場シェアを調査報告書等で調べる
・戦略（Strategy）…評価企業のコーポレートサイト等で企業情報を調べ、
　　　　　　　　決算短信等の財務データを入手して財務分析する

（1）事業構造の把握

　事業構造の把握は、3C分析、SWOT分析、5F分析などの経営戦略分析を使って行う。事業構造は、公開情報の収集だけで理解することは難しいため、取材による情報収集で補足を行う。製品・サービスでどれくらいの市場シェアを有しているかも把握したいところである。

　また、業界特有の季節性の有無があるかどうかも確認が必要である。例えば、建設業界などの官公需が関連する業界は、年度末に需要が増える傾向がある。百貨店業界などの年末商戦がある業界は、年末に需要が増える傾向がある。

　なお、参考までに3C分析、SWOT分析、5F分析について紹介する。

① 3C分析は市場、競合、自社の3つの視点で考える

　3C分析の3Cとは、「市場（＝顧客）(customer)」「競合(competitor)」「自社(company)」の3つを指す。3C分析とは、外部環境の市場と競合、そして内部環境の自社の分析から自社の戦略を見出すフレームワークである。

図表　3C分析

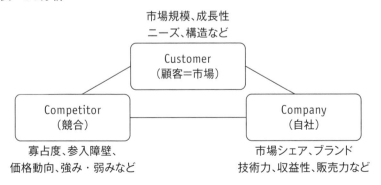

市場規模、成長性
ニーズ、構造など

Customer
（顧客＝市場）

Competitor
（競合）

Company
（自社）

寡占度、参入障壁、
価格動向、強み・弱みなど

市場シェア、ブランド
技術力、収益性、販売力など

市場（顧客）分析は、市場規模や市場の成長性、顧客ニーズ、地域性、政府規制などの観点で分析する。外部環境分析の一部である。

競合分析は、競合や競争環境の観点で分析する。外部環境分析の一部である。競合の数や参入障壁、競争相手の経営戦略、経営資源などに着目する。

自社分析は、自社の経営資源の観点で分析する。内部環境分析の一部である。自社の売上高、市場シェア、ブランド、人的資源などに着目する。

これら3つの視点の項目を整理し、外部環境と内部環境の主要項目を洗い出す。

② SWOT分析は外部環境や内部環境を4区分で要因分析

SWOT分析とは、外部環境や内部環境を「機会（Opportunities）」、「脅威（Threats）」、「強み（Strengths）」、「弱み（Weaknesses）」の4つのカテゴリーで要因分析するものである。外部環境分析は機会（Opportunities）、脅威（Threats）として、内部環境分析は強み（Strengths）、弱み（Weaknesses）として把握する。

図表　SWOT分析

外部環境分析	機会 Opportunities	脅威 Threats
内部環境分析	強み Strengths	弱み Weaknesses

外部環境分析は、市場規模や市場の成長性、顧客ニーズ、地域性、政府規制などの観点で分析し、市場における「機会」と「脅威」を整理する。

内部環境分析は、自社と競合とを比較して、自社の「強み」と「弱み」を整理し、自社のコアを見出す。

3C分析とSWOT分析の両者に共通しているのは、他の要素との対比によってキーポイントを見出すことにある。

③ 5F分析は5つの要因から業界構造を分析

5F分析とは、マイケル・E・ポーターが提唱した5つの競争要因分析であ

る。「新規参入の脅威」、「代替製品・代替サービスの脅威」、「買い手の交渉力」、「売り手の交渉力」、「業界内の競合他社」の5つの視点から業界構造を把握する。

「新規参入の脅威」は、新規参入の観点で分析する。これは競合他社が参入しやすいかを調べるものである。技術やサービスの真似のしやすさや法的規制、設備投資や研究開発の額の有無などである。

「代替品の脅威」は、代替品の観点で分析する。自社製品やサービスより価格や機能で優れたものが出て来るか、あるいは異業種の参入で従来の競争環境とは異なる製品・サービスが出て来るか、などを調べるものである。

「買い手の交渉力」は、買い手の交渉力の度合いを調べるものである。買い手の購入量や情報量で優位性を持っている場合、売り手に対しての交渉力は大きくなる。

「売り手の交渉力」は、売り手の交渉力の度合いを調べるものである。売り手のプレイヤー数が少なければ、買い手に対しての交渉力は大きくなる。

「業界内の競合他社」は、競合の数や市場動向、規制の変化などを調べる。競合の数が多ければ競争は激しくなる。

図表　5F分析

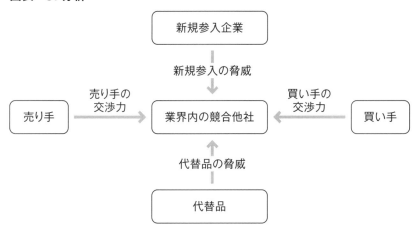

3C分析、SWOT分析、5F分析は経営戦略分析の基本的なツールである。ここで、前もって注意しておきたいのは、多くの情報を把握するために、評価企業に何でもかんでも聞き出す態度は避けるべき、ということである。取材で疑問点を残すのは良くないが、何でもかんでも細かく聞き出すのは、評価企業側に大きな負担を負わせることになる。

　企業価値評価の場合、最終的な目的は、企業価値評価を実施し、評価企業の適正株価を見出すことにある。その目的から外れる内容の質問は慎むべきである。

　例えば、経営戦略分析には、バリューチェーン分析というものがある。評価企業のバリューチェーンが詳細に分かれば、情報としては有益だろう。しかし、その項目を埋めるための質問にこだわって、肝心の企業価値評価ができなければ意味がない。企業価値評価を行う際の優先順位としては、低いのである。経営戦略分析のツールを多く使い過ぎると、調査目的から外れていくことになるため、避けたいところである。

（2）競合状況の把握

　競合情報の把握は、どのような競合が存在するかの把握である。上場企業の場合には、PER、PBRなどの株式指標の比較対象を見出すことができる。非上場企業の場合には、競合情報の把握に加え、類似会社を抽出するために行う。評価企業が非上場企業であっても、競合が上場企業であれば、公開情報で情報を入手しやすい。

　公開情報上で調べて競合だと思っていても、実際に取材すると競合していない、といった事態が起こり得るため、先入観に囚われずに確認する必要がある。

　例えば、工作機械の一種である自動旋盤の場合、外部公開情報で得られる内容とは主要プレイヤーが異なる。日本経済新聞社の業界地図などで調べると、自動旋盤の主要プレイヤーは、ヤマザキマザック、DMG森精機（証券コード6141）、オークマ（同6103）、ツガミ（同6101）、シチズンマシナリーミヤノの5社を取り上げているケースが多い。これは、国内の推定市場シェアの順番から出ている情報である。

図表　自動旋盤の主要プレイヤー

製品の種類	主要プレイヤー		
自動旋盤	ヤマザキ マザック	DMG森精機	オークマ
	ツガミ	シチズン マシナリーミヤノ	

　しかし、実際には、5社のうちツガミ、シチズンマシナリーミヤノは、ヤマザキマザック、DMG森精機、オークマとは直接の競合関係にはない。どういうことかというと、自動旋盤は機械の大きさと加工のタイプに応じて競合が異なるのである。これを表したのが次の図表である。

図表　自動旋盤の主要プレイヤー詳細版

製品の種類		主要プレイヤー		
小型機	主軸移動型 自動旋盤	ツガミ	スター精密	シチズン マシナリーミヤノ
	主軸固定型 自動旋盤		高松機械工業	滝澤鉄工所
中大型機		ヤマザキマザック	DMG森精機	オークマ

　小型機の主軸移動型（主軸台が移動するタイプ）自動旋盤では、ツガミ、スター精密（同7718）、シチズンマシナリーミヤノの3社が主要プレイヤーである。小型機の主軸固定型（主軸台が移動せず刃物台が移動するタイプ）自動旋盤では、高松機械工業（同6155）、滝澤鉄工所（同6121）などで、ツガミも扱っている。
　中大型機では、ヤマザキマザック、DMG森精機、オークマが主要プレイヤーである。小型機では、タイプ別に競合が異なるほか、中大型機では主要プレイヤーが全く異なるため、自動旋盤だけでも3つの区分に市場が分かれている。
　このような情報は、取材を行わないと、競合していない事実に気づくことは難しいだろう。従って、外部公開情報による事実誤認を避ける役割を取材

が担っているのである。

（3）市場環境の把握

　市場環境の把握には、市場規模の把握、市場シェアの把握、市場動向の把握、などがある。評価企業が該当する業界を把握し、市場規模がどれくらいかを把握する必要がある。市場規模の単位としては、金額ベースの方が評価企業と比較が可能になる可能性が高くなるため望ましいが、業界によって入手できるものは異なる。金額ベースでは、売上高、受注高、受注残高、生産高などがある。この他、台数ベースの場合もある。台数も生産台数、受注台数、販売台数と様々である。重量ベースの場合もある。

　市場規模の大きい業界の場合には、業界団体があり、業界団体が業界統計として集計し公表していることがある。例えば、自動車業界の場合には日本自動車工業会、工作機械業界の場合には日本工作機械工業会、百貨店業界の場合には日本百貨店協会と、業界ごとに業界団体が存在する。

　また、国の経済統計で把握できる場合もある。例えば、運搬機械の一種である巻上機の主要プレイヤーであるキトー（証券コード6409）を調べる場合には、巻上機単独での情報は、経済産業省の生産動態統計の機械統計編に載っているため、統計情報を抽出することが可能である。

　この他、市場調査会社の調査報告書で情報が入手できる場合もある。日本では、矢野経済研究所や富士経済による調査報告書が比較的業界の網羅性が高い。ただし、全ての業界を扱っている訳ではなく、年によっては作成されない業界もあったりする。また、細部の情報は評価企業の認識と異なる場合もあるため、調査報告書の情報を鵜呑みにはせず、評価企業の取材で事実誤認がないかを確認する必要がある。

　例えば、筆者の経験では、卓上ロボット業界の例がある。主要プレイヤーである蛇の目ミシン工業（同6445）からの取材情報と、市場調査会社が作成している調査報告書とで内容が異なっていたことがある。取材情報では、武蔵エンジニアリングという非上場企業が主要プレイヤーの一社であることを聞いていた。しかし、調査報告書には武蔵エンジニアリングという会社の情報が載っていないなかった。毎年発刊する調査報告書であったが、毎年情報が

載らないため、市場調査会社に情報が抜けている旨を指摘した経験がある。

　また、市場調査会社では、特定の業界ではスタンダードな業界統計や市場シェア情報として採用されている場合がある。特に世界の市場規模や市場シェアを取る場合には、外資系の調査会社はグローバル展開しているため、有益である。具体的には、IDC、Gartner、IHS、Freedonia Group、Euromonitor、BMI Research、Datamonitor などがある。

　IDCやGartnerは、PC、サーバー、ストレージ、プリンターなどのハードウェアやソフトウェアといったIT分野が得意であるが、一部では製造業も扱っている。業界によって更新頻度は異なるが、四半期おきに出荷額や市場シェアを推計している業界もあり、プリンター業界などでは、両社が推計する市場規模の推移や市場シェアは業界内で重要なベンチマークとなっている。IHSは半導体、自動車などの製造業を中心に扱っている。Freedonia Group も同様に製造業が中心である。EuromonitorやBMI Research は日用品、アパレルなどの消費財や、サービス業界を得意としている。

（4）規制動向の把握

　規制動向の把握は、外部公開情報だけでは把握することが難しいことが多い。把握しておきたいことは、業界の市場動向に影響を与える可能性のある規制動向である。例えば、建設機械、農業機械、特装車などの特殊車両の場合には、排出ガス規制の導入時期は、需要動向を変化させる要因になるため、把握しておく必要がある。排出ガス規制の導入前は駆け込み需要が生じるが、導入後は反動減が生じるほか、国によって導入時期が異なるため、導入時期がいつかを把握しておくことは重要である。

（5）リスク要因の把握

　リスク要因とは、規制動向以外に把握すべきリスクである。例えば、原材料価格（仕入価格）、為替などである。

　原材料価格が高騰すれば、評価企業には悪影響が生じることになる。逆に、原材料価格が低下すれば、プラスになる。例えば、住宅メーカーの場合、建設資材の価格が高騰すれば、仕入コストが上昇する。販売価格が値上げでき

なければ、収益性は低下することになる。インターネット通販会社の場合、配達業者に依頼する輸送コストが上昇すれば、収益性は低下する。陸運業界の場合、ガソリン価格が上昇すれば、請け負う価格に転嫁できなければ収益性は低下する。

　為替の場合には、業界によって明暗が分かれる。為替が円安になった場合、原則として、輸出産業にとってはプラス影響が生じる。その理由は、円安は海外での製品価格の低下をもたらし、海外の競合他社との比較で価格競争力が増すからである。逆に、輸入産業にとってはマイナス影響が生じる。輸入原材料価格の高騰をもたらすためである。

　上場企業の場合には、有価証券報告書にリスク要因の記述があるため、その情報が取っかかりとなる。

（6）財務状況の把握

　財務状況の把握は、会社資料の入手と、財務資料の入手の2つがある。会社資料の入手とは、会社案内などの会社概要が分かる資料の入手である。財務資料の入手とは、財務諸表の入手だが、上場企業と非上場企業では入手する資料が異なる。

　財務諸表の収集すべき財務データは、直近5年間はあることが望ましい。長めに取る場合には10年だが、作業ができる時間との兼ね合いである。年間、四半期、月次の3パターンで財務情報が得られることが望ましい。

　上場企業の場合には、公開情報である程度は入手可能である。入手可能な決算資料は、決算短信、有価証券報告書、四半期報告書、決算説明資料である。

　非上場企業の場合、帝国データバンクや東京商工リサーチの信用調査報告書があるが、有料である。

　M&A案件で臨む場合には、置かれた状況にもよるものの、取材を実施する前に以下の資料を評価企業に請求し、入手しておくことが必要になる。会社概要は会社案内でも把握は可能であるが、登記簿謄本には目的の項目に事業内容が触れられているため、確認が可能である。

会社資料：会社案内、登記簿謄本

財務資料：決算報告書、税務申告書、経営計画書

　会社資料では、事業内容を確認する。財務資料では、財務状況を確認する。経営計画書があれば、現状の見通しを評価企業がどう見ているかが分かるため、次の将来の業績の方向性の確認にも話が繋がる。

（7）将来の業績の方向性の確認

　企業価値評価を算定する上で非常に重要なのは、将来の業績の方向性である。業績は改善に向かうのか、それとも後退に向かうのかで予想値は変わってしまう。改善に向かうとしても、どれくらいの改善率なのか、どう改善するのかも異なる。業績の方向性が変われば、企業価値評価の算定結果も変わる。

　アナリストの場合には、取材内容や外部環境の状況、競合状況などの情報を踏まえて、自ら予想値を考える。予想値は1つであることが通常である。

　M&Aなどの財務コンサルタントの場合には、自ら予想値を考える、というよりは、楽観シナリオ、中庸シナリオ、悲観シナリオと、いくつかのシナリオを考えて複数の予想値を考えて、企業価値評価の算定結果として理論株価をレンジで示すことが通常である。

　共通しているのは、原則として評価企業の業績計画が出発点となる。しかし、そのまま業績計画を踏襲する訳ではなく、将来の業績の方向性がどうなるかを検討する必要がある。

2）質問内容を準備する

　取材にあたっては、事前に質問内容を準備しておくことが必要である。ベテランになってくると、事前準備なしでも取材は可能であるが、何も準備しないで取材を行うと、取材当日に漏れや抜けが生じるリスクがある。

　質問項目の組み立てとしては、大まかな内容から徐々に詳細な内容に入っていく流れが無難である。例えば、業界の外部環境の話から徐々に評価企業の業績の話に入る、といった流れである。そのため、項目が聞きやすい流れ

になっているかどうかを取材前にチェックするのが望ましい。

　また、事前準備した段階で不明な情報はできるだけ抽出しておく必要がある。特に、業界の専門用語や、経営者の経歴や人脈は公開情報だけでは不明な点が多いため、取材で疑問を解消した方が望ましい。

　例えば、上場企業の例としては、日精樹脂工業（証券コード6293）と日精エー・エス・ビー機械（同6284）の関係がある。両社とも長野県の成形機メーカーであり、日精樹脂工業は射出成形機メーカー、日精エー・エス・ビー機械はブロー成形機メーカーで、2つの工程を1台で扱うことのできるペットボトル成形機を製造している。

　外部公開情報では、同じ名前で同じような製品を作っている機械メーカーとしか分からないが、これら2社は、同じ青木家が創業した会社である。1947年に青木固（かたし）氏が日精樹脂工業を創業し、1957年に設立した。一方の日精エー・エス・ビー機械は、青木大一氏が1978年に設立した。日精エー・エス・ビー機械のASBは、青木式ストレッチブロー成形機を指している。日精エー・エス・ビー機械の主たる競合は、青木固研究所である。先程の日精樹脂工業の創業者と同一人物である。3社とも同じ青木固氏に関連した会社で、同じ長野県にある会社だが、同一グループではなく、競合関係にあるのである。長野県のプラスチック成形機の業界関係者であれば知っている話であるが、基本的には取材しなければ分からない話だろう。同じ名前が付いているからと、同一グループとして捉えると事実誤認になる。

　質問項目のまとめ方は、Excelで項目別にまとめる方が、取材後に切り貼り作業が簡単にできるため、便利である。人によってはWordなどの文書ファイルでまとめる方が良いと思う人もいるだろう。やり方に決まりはなく、やりやすい方を選択するのが良い。重要なのは、必要な情報を早くまとめられることであり、綺麗にまとめることではない、ということである。まとめることが目的ではなく、企業価値評価を行うための材料を揃えることが目的であるからである。

3）仮説を持って臨む

　事前リサーチをし、質問項目シートを作成する過程で重要なのは、業界構

造や企業情報に関する仮説を持って臨むことである。仮説を抱いた上で取材に臨めば、取材時に認識が間違っていれば、軌道修正することで考察が進む。しかし、仮説なしで取材に臨んでしまうと、取材が終わってからリサーチのゴールについて考えることになり、時間がかかってしまう。作業を効率化させるには、予め仮説を考えて、認識にずれがないかを取材時にぶつけることが重要である。仮説を持つ項目としては、会社の強み、主な用途先、参入障壁、成長ストーリー、技術・サービスの方向性、のそれぞれが何なのか、などをイメージした上で臨むと良い。

- ●仮説の例
- ・会社の強み（競争優位の源泉）は何か
- ・どんな業界を主な用途先にしているのか（業界構造）
- ・参入障壁は何なのか（業界構造）
- ・この会社の成長ストーリーは何なのか（事業成長の方向性）
- ・技術・サービスの今後の方向性は何か

4）取材時は質問を主導する

　取材当日は、自らが質問を主導する必要がある。一方的な会話になってしまうのは問題があるが、企業価値評価を算定する上で必要な情報はできるだけ聞き出す必要がある。

　上場企業の場合には、経営陣や経営企画部門、経理部門、IR（投資家向け広報）担当部門が対応する。IR担当部門の場合、アナリストや機関投資家の取材対応に慣れていることから、取材はしやすい。聞かれる項目を理解しているためである。

　非上場企業の場合には、経営陣や経営企画部門、経理部門が対応することになるが、取材対応に慣れていないことがある。そのため、場合によっては、事前質問を送るなどの対応が必要になる可能性がある。特に、数値面で必要な情報は、予め指定しておいた方が無難である。また、聞き出すべき情報からあまりにも話がずれてしまっている場合には、話を戻すように促す必要がある。

5）大枠から細部へと話を移す

　取材の進め方として、大枠の話から細部の話へと徐々に話題を移していくことが大切である。事前の質問準備と同じである。いきなり細部の話から入ると、話し手も取材側の意図が分からず混乱する。川の流れのように、細部の質問は後半で聞くようにすべきである。例えば、市場シェアを聞き出すにしても、事業会社から見て、どんな主要プレイヤーが競合にいるのかを聞いてからシェアを聞いた方が良い。

6）疑問点は取材の場で解決する

　取材でのタブーは、疑問点を抱えたまま放置しておくことである。取材は貴重な情報収集の時間である。たとえ業界の人であれば常識的なことでも、調べる側からすれば不明なことも多々ある。怖じけずに遠慮なく質問すべきである。ただし、事前リサーチで調べられることを質問したのでは、充実した取材時間とは言い難い。取材を受ける側も、「事前に勉強していないのではないか」と疑問に思ってしまう。事前に調べた上で、どうしても分からない場合には、遠慮なく質問する姿勢が良い。

7）取材後はすぐに企業価値評価を行う

　取材後は、すぐに企業価値評価を行う。ベテランになってくると、取材前に仮の企業価値評価を実施した上で臨むようになる。その方が仮説のずれを取材の場で直すことができるからである。

　取材後から時間が経過してしまうと、取材メモを作成していたとしても、取材のニュアンスを忘れる可能性が高くなる。また、取材時には正しかったやり取りも、時間の経過で現実に当てはまらなくなる恐れもある。

　例えば、2020年では、新型コロナウイルスの感染が世界的に拡大し、世界中で企業活動の制限が生じた。最初は中国から感染が広がったため、2020年2月の段階では、中国での企業活動停滞がリスク要因となった。しかし、2020年4月の段階では日米欧地域に感染が拡大し、日米欧地域の企業活動停滞がリスク要因となり、中国は経済活動の再開が始まった。同じ年でも、2月と4月とでは、感染地域の状況が大きく変わっているため、2月に取材し

た内容は、4月の時点では役に立たなくなってしまう。

　新型コロナウイルスの例は極端であるが、時間の経過と共に取材情報にも有効期間に限界があり、せいぜい四半期までである。できるだけ期間を置かずに取材情報は活用すべきだろう。

第**6**章

DCF法の
手順

第1節 過去の業績分析

1) 財務諸表を入手する

　第5章までは企業価値評価を行うための知識情報を一通り紹介した。第6章では、これまで紹介した知識情報をどのように使っていくのかについて触れる。具体的には、DCF法の手順を取り上げる。DCF法を取り上げる理由は、DCF法が企業価値評価の中で最も利用される手法だからである。DCF法による企業価値評価は、以下の手順で進める。

- （1）過去業績を分析する（第1節）
- （2）資本コストを推計する（第2節）
- （3）取材を実施する（第3節）
- （4）将来キャッシュ・フローを予想する（第4節）
- （5）企業価値を算定する（第5節）

過去業績の分析の作業の流れとしては、次のような手順で行う。

- 1）財務諸表の収集
- 2）財務諸表の再構成
- 3）業績の詳細な分析

　まず、財務諸表を集める。上場企業の場合、企業のコーポレートサイトで決算短信を得ることが可能である。また、EDINET（エディネット、金融商品取引法に基づく有価証券報告書等の開示書類に関する電子開示システム）で有価証券報告書は入手できる。

① 決算短信
② 有価証券報告書（四半期報告書）
③ 決算説明資料（任意開示資料）

　決算短信や有価証券報告書（四半期報告書）は毎四半期掲載されるが、情報開示の時期としては、決算短信が最も早い。有価証券報告書は、本決算の場合には、株主総会実施後に掲載されるため、情報開示の時期が遅めになる。

　決算説明資料は任意開示であるため、会社によって開示情報の程度に差がある。決算発表と同時に情報を載せる会社もあれば、アナリスト向けの決算説明会実施後に載せる会社もある。また、全く情報を載せていない会社もある。

　非上場企業の場合には、決算報告書や税務申告書で情報を入手する。

　財務諸表の入手期間としては、直近5年分は四半期おきにデータとして押さえておきたい。もっと長期間のデータもあれば望ましいが、時間的制約との兼ね合いになる。また、分析の目的によって、年単位のデータのみで集計するか、四半期データ中心にするかも変わってくる。収集する主なデータとしては、

❶ 損益計算書（P/L）
❷ 貸借対照表（B/S）
❸ キャッシュ・フロー計算書（C/F）
❹ セグメント別業績（売上高、営業利益）
❺ 設備投資、減価償却費
❻ 受注高、受注残高、生産台数等の決算補足情報

である。

2）財務諸表を再構成する

　財務諸表は、掲載された勘定科目通りに全てを記載するのではなく、主要項目ごとに要約して再構成する。必ずこうしなければならない、という決ま

りがある訳ではないが、分析の際に使う項目ごとに再構成することが望ましい。

①損益計算書（P/L）の再構成

図表　損益計算書（P/L）の再構成

要約前	要約後
売上高	売上高
売上原価	売上原価
売上総利益	売上総利益
販売管理費及び一般管理費	販売管理費及び一般管理費
人件費	
貸倒引当金繰入額	
のれん償却費	
ポイント引当金繰入額	
研究開発費	
その他	
営業利益	営業利益
営業外収益	営業外収益
受取利息	受取利息・配当金
受取配当金	
持分法による投資利益	その他
助成金収入	
スクラップ売却益	
その他	
営業外費用	営業外費
支払利息	支払利息
為替差損	その他
貸倒引当金繰入額	
役員弔慰金	
その他	
経常利益	経常利益
特別利益	特別損益
特別損失	
税金等調整前当期純利益	
法人税、住民税及び事業税	
法人税等調整額	
法人税等合計	法人税等
当期純利益	
非支配株主に帰属する当期純利益	非支配株主に帰属する当期純利益
親会社株主に帰属する当期純利益	親会社株主に帰属する当期純利益

　損益計算書（P/L）は、勘定科目の内訳が詳細に載っている。情報としては詳細な方が有益であるが、業績を予想する観点では、必要箇所だけで十分である。内訳の項目として必要なのは、受取利息・配当金と、支払利息である。支払利息は、貸借対照表（B/S）の有利子負債と合わせることで、負債コストの

計算に活用することができる。

②貸借対照表（B/S）の再構成

　貸借対照表（B/S）は、損益計算書（P/L）よりも要約すべき数が多い。貸借対照表（B/S）だけで2ページにわたっていることから、自然とまとめる必要性が増す。

図表　貸借対照表（B/S）の資産の部の再構成

要約前	要約後
資産の部	資産の部
流動資産	流動資産
現金及び預金	現金及び預金
受取手形及び売掛金	売上債権
電子記録債権	
商品及び製品	棚卸資産
仕掛品	
原材料及び貯蔵品	
その他	その他
貸倒引当金	
固定資産	固定資産
有形固定資産	有形固定資産
建物及び構築物	償却対象固定資産
機械装置及び運搬具	
工具、器具及び備品	
土地	
リース資産	
建設仮勘定	
減価償却累計額	減価償却累計額
	その他
無形固定資産	無形固定資産
のれん	
その他	
投資その他の資産	投資その他の資産
投資有価証券	投資有価証券
長期貸付金	その他
繰延税金資産	
その他	
貸倒引当金	

　資産の部は、流動資産は現金及び預金、受取手形及び売掛金、棚卸資産、その他の4つに再構成する。
　売上債権には、受取手形及び売掛金と電子記録債権を合算する。棚卸資産は、商品及び製品、仕掛品、原材料及び貯蔵品を合算する。現金及び預金、

受取手形及び売掛金、棚卸資産以外はその他とする。

　固定資産は、有形固定資産、無形固定資産、投資その他の資産の3つに分かれる。

　有形固定資産は、建物及び構築物、機械装置及び運搬具、工具、器具及び備品といった、償却対象となる固定資産と、減価償却累計額とその他の3つに分けるのが望ましい。上場企業の場合には、評価企業の減価償却費の予想値が開示されいることが多いため、必ずしも3つの区分に分ける必要はない。

　投資その他の資産は、投資有価証券とそれ以外に分ける。投資有価証券を非事業価値として抽出するためである。

図表　貸借対照表（B/S）の負債・純資産 の部の再構成

要約前	要約後
負債の部	負債の部
流動負債	流動負債
支払手形及び買掛金	仕入債務
電子記録債務	
短期借入金	有利子負債
1年内返済予定の長期借入金	
1年内償還予定の社債	
リース債務	
未払金	その他
未払法人税等	
製品保証引当金	
品質保証引当金	
賞与引当金	
ポイント引当金	
その他	
固定負債	固定負債
社債	有利子負債
長期借入金	
リース債務	
役員退職慰労引当金	その他
製品保証引当金	
退職給付に係る負債	
資産除去債務	
その他	

アンケート

購読ありがとうございます。以下にご記入いただいた内容は今後の
版企画の参考にさせていただきたく存じます。なお、ご返信いただい
た方の中から毎月抽選で10名の方に粗品を差し上げます。

書籍名

本書をご購入した書店名

本書についてのご感想やご意見をお聞かせください。

本にしたら良いと思うテーマを教えてください。

本を書いてもらいたい人を教えてください。

読者様のお声は、新聞・雑誌・広告・ホームページ等で匿名にて掲載
させていただく場合がございます。ご了承ください。

ご協力ありがとうございました。

郵 便 は が き

1 0 3 - 8 7 9 0

011

東京都中央区日本橋2-7-
東京日本橋タワー9陛

㈱日本能率協会マネジメントセンター

出版事業本部 行

ıllılı··ıllılılıllıı·l··ıll··ılılılılılılılılılı··ıl·ıllıl

フリガナ			年　齢	
氏　　名				歳
住　　所	〒　　　　　　　　　　　　　TEL　　（　　　）			
e-mail アドレス				
職業または 学校名				

要約前	要約後
純資産の部 　株主資本 　　　資本金 　　　資本剰余金 　　　利益剰余金 　　　自己株式 　その他の包括利益累計額 　　　　その他有価証券評価差額金 　　　　為替換算調整勘定 　　　　退職給付に係る調整累計額 　新株予約権 　非支配株主持分	純資産の部 　自己資本 　新株予約権・非支配株主持分

　負債の部は、分類項目が多い。流動負債は、仕入債務、有利子負債、その他の3つに区分する。仕入債務は、支払手形及び買掛金、電子記録債務を合算する。有利子負債は、短期借入金、1年内返済予定の長期借入金、1年内償還予定の社債、リース債務である。それ以外はその他とする。固定負債は、有利子負債とその他の2つに区分する。有利子負債は、社債、長期借入金、リース債務である。それ以外はその他とする。

　純資産の部は、自己資本とそれ以外の2つに区分する。自己資本は、上場企業の場合には、決算短信の1ページ目に大抵の会社は載っている。載っていない場合には、純資産合計から新株予約権と非支配株主持分を差し引く。自己資本は、加重平均資本コストの計算をする際に必要になる。

③キャッシュ・フロー計算書（C/F）の再構成

　キャッシュ・フロー計算書（C/F）も、損益計算書（P/L）よりも要約すべき数が多い。ただし、貸借対照表（B/S）ほどのボリュームはない。

図表　キャッシュ・フロー計算書（C/F）の営業キャッシュ・フローの再構成

要約前	要約後
営業活動によるキャッシュ・フロー 　税金等調整前当期純利益 　減価償却費 　のれん償却額 　退職給付に係る負債の増減額(△は減少) 　賞与引当金の増減額(△は減少) 　貸倒引当金の増減額(△は減少) 　受取利息及び受取配当金 　支払利息 　持分法による投資損益(△は益) 　為替差損益(△は益) 　投資有価証券売却及び評価損益(△は益) 　固定資産除売却損益(△は益) 　事業構造改善費用 　売上債権の増減額(△は増加) 　たな卸資産の増減額(△は増加) 　仕入債務の増減額(△は減少) 　未払金の増減額(△は減少) 　前受金の増減額(△は減少) 　未払消費税等の増減額(△は減少) 　その他 　小計 　利息及び配当金の受取額 　利息の支払額 　法人税等の支払額又は還付額(△は支払)	営業活動によるキャッシュ・フロー 　親会社株主に帰属する当期純利益 　減価償却費 　のれん償却額 運転資本増減 　　売上債権の増減額(△は増加) 　　棚卸資産の増減額(△は増加) 　　仕入債務の増減額(△は減少) 　その他

　営業キャッシュ・フローは、親会社株主に帰属する当期純利益、減価償却費、のれん償却額、運転資本増減、その他の5項目に再構成する。キャッシュ・フロー計算書での当期純利益の記載内容は、税金等調整前当期純利益であるが、親会社株主に帰属する当期純利益に置き換える。減価償却費、のれん償却額はそのままである。運転資本増減は、売上債権の増減額、棚卸資産の増減額、仕入債務の増減額の3つから成る。減価償却費と運転資本増減は、企業価値評価をする際に必要な項目となるため、チェックが必要である。のれん償却額がある場合は減価償却額と同様に必要である。

図表　キャッシュ・フロー計算書（C/F）の投資キャッシュ・フローの再構成

要約前	要約後
投資活動によるキャッシュ・フロー 　定期預金の預入による支出 　有形固定資産の取得による支出 　有形固定資産の売却による収入 　無形固定資産の取得による支出 　投資有価証券の取得による支出 　投資有価証券の売却による収入 　関係会社株式の取得による支出 　貸付けによる支出 　貸付金の回収による収入 　その他	投資活動によるキャッシュ・フロー 　有形・無形固定資産の支出入 　その他

　投資キャッシュ・フローからは、設備投資を抽出する。具体的には、有形固定資産と無形固定資産に関わる項目を合算する。それ以外はその他とする。設備投資は、企業価値評価をする際に必要な項目となるため、チェックが必要である。

図表　キャッシュ・フロー計算書（C/F）の財務キャッシュ・フローの再構成

要約前	要約後
財務活動によるキャッシュ・フロー 　短期借入金の純増減額（△は減少） 　長期借入れによる収入 　長期借入金の返済による支出 　社債の発行による収入 　ファイナンス・リース債務の返済による支出 　自己株式の取得による支出 　配当金の支払額 　その他	財務活動によるキャッシュ・フロー 　有利子負債の増減 　自己株式の取得による支出 　配当金の支払額 　その他
現金及び現金同等物に係る換算差額 現金及び現金同等物の増減額（△は減少） 現金及び現金同等物の期首残高 非連結子会社との合併に伴う現金及び現金同等物の増加額 現金及び現金同等物の期末残高	その他の影響額 現金及び現金同等物の増減額 現金及び現金同等物の期末残高

　財務キャッシュ・フローは、有利子負債の増減、自己株式の取得による支出、配当金の支払額、その他の4つに再構成する。現金及び現金同等物は、その他の影響額、現金及び現金同等物の増減額、現金及び現金同等物の期末残高の3つに再構成する。

3）業績の詳細な分析

　財務諸表の再構成の他に、（1）セグメント情報、（2）受注高、受注残高、生産台数などの決算補足情報、を入手する。セグメント情報とは、事業別セグメント、所在地別セグメント、仕向地別売上高、などがある。

　情報開示の度合いは、会社によって異なる。詳細にセグメント情報を開示している会社もあれば、ほとんど開示していない会社もある。

　上場企業の場合には、決算短信、有価証券報告書、四半期報告書、決算説明資料などに情報が載っている。非上場企業の場合には、情報として入手可能かどうかを確認する必要がある。

　事業別セグメントとは、製品やサービスなど、事業別に売上高や利益をまとめたものである。所在地別セグメントとは、地域別に売上高や利益をまとめたものである。子会社の所在地別にまとめている。仕向地別売上高とは、顧客の地域別に売上高をまとめたものである。海外売上高比率を計算する際には、仕向地別売上高の日本を全体の売上高から差し引いて求める。

　決算補足情報とは、受注高、受注残高、生産台数など、企業によって得られる情報は異なる。決算短信に掲載されている場合もあれば、決算説明資料に載っている場合もある。また、載っていない場合もある。製造業の場合、装置産業であれば受注高や受注残高は基本的に集計しているはずであるが、会社の情報開示方針で開示していなかったり、見込み生産のために開示していなかったりする場合がある。

　財務諸表の再構成が終わり、セグメント情報や決算補足情報の入手とデータ入力を終えたら、業績の詳細な分析を行う。期間としては、直近5年間程度は必要である。

　アプローチとしては、年間、四半期、月次の3つの期間と、全体、セグメント別の2つの視点で行う。上場企業の場合には、年間と四半期は公開情報で入手可能である。月次情報は、評価会社の開示方針によって異なる。

　年間だけで分析してしまうと、業績の方向性を見誤る可能性がある。四半期や月次で直近の財務状況を確認することで、業績の方向性を見出す仮説を立てることが可能である。

　また、時間的余裕がある場合には、評価企業だけでなく、競合他社の業績や、該当する業界の経済統計をチェックすることも重要である。

例えば、工作機械メーカーを分析する場合に、業界統計である日本工作機械工業会の工作機械受注統計の受注額が改善する数値が出ていたのに、評価企業の受注高が厳しい場合には、個別の事情で厳しかったなどの特殊事情が働いている可能性がある。

1）類似会社の特定

　財務データの収集や分析を行うと共に必要な作業が、資本コストの推計である。資本コストとは、加重平均資本コスト（WACC）の推計である。資本コストの推計の手順としては、次の通りである。

1) 類似会社の特定
2) 資本構成の推定
3) 負債コストの推定
4) 株主資本コストの推定
5) WACCの算出

　まず、評価企業を分析した上で、類似会社の特定を行う。上場企業の場合には、競合や類似会社を、非上場企業の場合には、上場企業から類似会社を抽出する。

　例えば、上場企業である建設機械メーカーのコマツ（証券コード6301）を扱う場合、競合の建設機械メーカーを探すことになる。例としては、日立建機（同6305）、クボタ（同6326）、竹内製作所（同6432）など、建設機械メーカーを抽出する。

　非上場企業の場合、類似会社を抽出する。例えば、農業機械メーカーのヤンマーホールディングスの場合、クボタ、竹内製作所などが直接の競合になるため、これらの会社が該当する。

　類似会社の選定後は、これらの会社の財務データを入手する。上場企業の場合には、株式指標で割安、割高を比較する材料になる。非上場企業の場合には、資本コストを推定する上で必要な情報になる。類似会社の β 値を使っ

て推計するためである。

2）資本構成の推定

　資本構成は、有利子負債と時価総額から求める。WACCの数式の一部を求めることになる。具体的には、以下の2つの数値が必要である。

$$\frac{D}{D+E} \quad \frac{E}{D+E}$$

　有利子負債は、直近の決算短信の貸借対照表 (B/S) から入手する。時価総額は、

　　自社株控除後発行済株式総数×株価

である。直近の発行済株式総数と自己株式数は決算短信の1〜2ページに掲載されているため、2つの数値を入手して自己株式数を控除した後の発行済株式総数を計算する。ここから直近の株価を乗じて時価総額を求める。

　　発行済株式総数 － 自己株式数 ＝ 自社株控除後発行済株式総数
　　自社株控除後発行済株式総数 × 株価 ＝ 時価総額

3）負債コストの推定

　負債コストは、以下の評価企業の借り入れや支払利息の実績から負債コストを推計する方法以外にも、格付けや社債のスプレッドから負債コストを推計する方法がある。ここでは前者を記載する。

$$負債コスト ＝ \frac{支払利息}{（ 期首有利子負債 ＋ 期末有利子負債）}$$

2

上場企業の場合には、決算短信や有価証券報告書から支払利息と有利子負債の情報を把握することが可能である。支払利息は損益計算書 (P/L)、有利子負債は貸借対照表 (B/S) から入手できる。有利子負債は、流動負債と固定負債からそれぞれ得た数値を合算する。

4) 株主資本コストの推定

株主資本コストは、実務上は以下の式になる。

株主資本コストの実務上の計算式（CAPM＋企業固有のリスクプレミアム）

$$R_E = r_f + (R_M - r_f) \beta + \alpha$$

r_f：リスクフリーレート

R_M：株式市場全体の期待収益率

$(R_M - r_f)$：マーケットリスクプレミアム

β：個別銘柄のベータ値

α：企業固有のリスクプレミアム

株主資本コストのうち、リスクフリーレートは、ここでは、日本銀行の金融経済統計月報、具体的には、「金融1」のPDFファイルの「市場金利等 (3)」の10年国債の金利の数値を用いる。20年国債の金利を使う場合もある。

マーケットリスクプレミアムは、実務上はイボットソン・アソシエイツが提供する過去のデータを用いて算出することが多い。

企業固有のリスクプレミアムは、個別事情によって異なるものであるので、企業価値評価を実際に行う際に感応度分析をしながら考えていくと良い。

β 値は、ブルームバーグの端末から5年分の修正 β 値を用いる。

非上場企業の場合には、上場企業である類似会社の β 値を使って個別に β 値を推定する。

（1）類似会社の β 値を入手する

（2）類似会社の負債を含まないと仮定した場合の β 値を推定する

（アンレバード化）

（3）推定β値の平均値から評価企業の資本構成に基づくβ値を推定する
　　（リレバード化）

　類似会社のβ値を入手したら、類似会社のβ値について、負債を含まないと仮定した場合のβ値に組み替える（アンレバード化する）。

●類似会社のβ値のアンレバード化

$$\text{資産ベータ（アンレバードベータ）} = \frac{\text{類似会社のベータ}}{\left\{1 + (1-t) \times \dfrac{D}{E}\right\}}$$

　アンレバード化したβ値を評価企業の資本構成に基づくβ値に組み替える（リレバード化する）。

●評価企業のβ値へのリレバード化

$$\text{株式ベータ（リレバードベータ）} = \left\{1 + (1-t) \times \frac{D}{E}\right\} \times \text{資産ベータ（アンレバードベータ）}$$

　　t：実効税率
　　D：有利子負債
　　E：株式時価総額

　類似会社のβ値をアンレバード化し、平均値を求めたら、今度は評価企業の資産構成をもとにβ値を組み替える。これで非上場企業のβ値が作成できる。

5）WACCの算出

WACCの式は、以下の通りである。

●加重平均資本コスト（WACC）の計算式

$$WACC = R_E \times \frac{E}{(E+D)} + R_D \times (1-t) \times \frac{D}{(E+D)}$$

R_E：株主資本コスト

R_D：負債コスト

E：株主資本

D：有利子負債

t：実効税率

1）〜4）で資本構成、負債コスト、株主資本コストを求めたら、WACCの数式に当てはめれば、加重平均資本コストが求められる。

第3節　取材の実施

　事前準備が終わったら、取材を行う。取材の基礎は、第5章で触れているため、ここでは流れを抑えるための記述のみとする。取材のタイミングとしては、将来キャッシュ・フローの予想まで作り上げてから補足情報を得るために行うのが理想である。しかし、実際には評価企業への理解度によって、事前準備の度合いも変わってくる。特に非上場企業の場合には、類似会社を抽出するのも一苦労である。

　そのため、下準備でできるだけ疑問点を解消した上で取材に臨むことが必要である。従って、必ず将来キャッシュ・フローの予想の前にしなければならない訳ではなく、事前準備の度合いによって、順番は変わってくる。

第4節 将来キャッシュ・フローの予想

1）将来の予想期間の決定

　取材を終えたら、将来キャッシュ・フローの予想について考える。将来キャッシュ・フローの予想においては、以下を検討する。

　1）将来の予想期間の決定
　2）シナリオの策定
　3）シナリオの業績予想への反映
　4）予想財務諸表の作成
　5）ロジック等のチェック

　まず、将来の予想期間の決定である。予想期間をどれくらい取るかは個別事情によりまちまちである。3年間もあれば、5年間もあれば、10年間もある。設立間もない会社であったり、事業再生が目的であったりする場合には、予想期間を短く区切る場合がある。本書では、5年間とする。

2）シナリオの策定

　予想期間を決めたら、将来シナリオがどうなるかを決める。通常、評価企業の業界動向の先行きがどうなるかを考え、その後、評価企業の先行きがどうなるかに落とし込むのが基本的な流れである。従って、該当する業界の経済統計のデータがあると、参考情報として考えやすい。業界統計があるかどうかは業界によって異なるため、必ず入手できる訳ではない。業界統計が得られない場合には、複数の競合の売上高を足し上げて評価企業のトレンドと比較することもできる。

　アナリストの場合、考える将来シナリオは一つであることが多いが、財務

コンサルの場合には、複数のシナリオを考える。楽観シナリオ、中庸シナリオ、悲観シナリオなどである。

3）シナリオの業績予想への反映

シナリオを考えたら、シナリオを業績予想へ反映する。業績予想とは、理想は損益計算書（P/L）、貸借対照表（B/S）、キャッシュ・フロー計算書（C/F）の全てを予想することである。しかし、DCF法での導出に必要な部分のみを予想することで理論株価を算定することは可能である。DCF法で理論株価を算定するには、以下の数字が必要になる。

（1）営業利益予想値
（2）減価償却費予想値（＋のれん償却額予想値）
（3）設備投資予想値
（4）運転資本の増減予想値
（5）加重平均資本コスト
（6）有利子負債
（7）非事業価値（非事業用資産）
（8）自社株控除後発行済株主総数
（9）直近の株価

まず、営業利益、減価償却費、設備投資、運転資本の増減の数値を5年間予想する。減価償却費と設備投資は、評価企業の計画値を基本的に用いる。中期経営計画が開示されている場合には、減価償却費や設備投資もまた公表されていることがある。しかし、多くの会社は、直近の年度くらいしか計画値を有していない。のれん償却額は、ある場合に限られる。

運転資本の増減は、キャッシュ・フロー計算書（C/F）の売上債権の増減、棚卸資産の増減、仕入債務の増減の合算値である。数式としては、以下の通りである。

●運転資本の増減の内訳

− 売上債権の増減 − 棚卸資産の増減 ＋ 仕入債務の増減

　売上債権の増減、棚卸資産の増減はマイナス、仕入債務の増減はプラスである。仕入債務の増減が増えればキャッシュ・フローはプラスになるが、売上債権の増減や棚卸資産の増減が増加した場合、キャッシュ・フローはマイナスになる。

　売上債権の増減は、貸借対照表 (B/S) にある売上債権の前年と直近年との差額である。売上債権とは、受取手形及び売掛金に電子記録債権を加えたものである。

　棚卸資産の増減は、貸借対照表 (B/S) にある棚卸資産の前年と直近年との差額である。棚卸資産の中身は、商品及び製品、仕掛品、原材料及び貯蔵品の合算値である。

　仕入債務の増減は、貸借対照表 (B/S) にある仕入債務の前年と直近年との差額である。仕入債務の中身は、支払手形及び買掛金と電子記録債務の合算値である。

　予想値は、取材を踏まえて作成する。1つの正解がある訳ではなく、直近の外部環境や評価企業の状況を踏まえ、将来を予想する。

　(5) の加重平均資本コスト以降は実績値である。非事業価値 (非事業用資産) は、余剰現金、投資有価証券、遊休不動産などが挙げられる。

4) 予想財務諸表の作成

　DCF法のコアとなる予想値を作成したら、更に、予想財務諸表を作成する。予想財務諸表がなくてもDCF法での企業価値評価は可能である。しかし、予想財務諸表を作成した方が、ロジックの整合性のチェックをしやすくなる。財務諸表の中身は、損益計算書 (P/L)、貸借対照表 (B/S)、キャッシュ・フロー計算書 (C/F) の3つである。勘定科目は、受取手形及び売掛金→売上債権と、要約した形で作成する。

　複数のシナリオを想定して作成する場合は、それに合わせて予想財務諸表も複数作成する。

5）ロジック等のチェック

予想値を作成したら、そのロジックに問題がないかをチェックする。例えば、業績が改善するシナリオで作成しているものであるのに、ある年は営業利益率が悪化するような内容であれば、シナリオとの整合性が取れていない。整合性が取れていない場合には、予想値を修正する。

第5節 企業価値の算定

　1年目から5年目の将来キャッシュ・フローの予想を行ったら、企業価値の算定を実施する。流れとしては、次の通りである。

1）継続価値の算定
2）事業価値の算定
3）企業価値の算定

図表　将来キャッシュ・フロー、継続価値、事業価値の関係性のイメージ

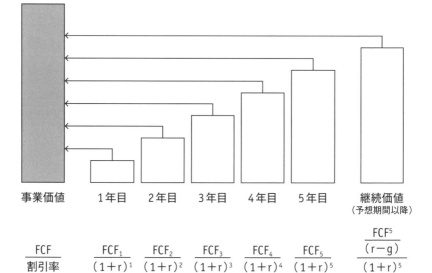

事業価値　　1年目　　2年目　　3年目　　4年目　　5年目　　継続価値
　　　　　　　　　　　　　　　　　　　　　　　　　　　　（予想期間以降）

$$\frac{FCF}{割引率} \qquad \frac{FCF_1}{(1+r)^1} \qquad \frac{FCF_2}{(1+r)^2} \qquad \frac{FCF_3}{(1+r)^3} \qquad \frac{FCF_4}{(1+r)^4} \qquad \frac{FCF_5}{(1+r)^5} \qquad \frac{\frac{FCF_5}{(r-g)}}{(1+r)^5}$$

　継続価値は、5年目のキャッシュ・フローから、

WACC（加重平均資本コスト）−g（永久成長率）

で割ることによって求める。事業価値は、1年目〜5年目のフリー・キャッシュ・フローの現在価値の合計と、継続価値の現在価値を合算することで求められる。

事業価値から余剰現金、余剰有価証券や遊休資産などの非事業価値を加えて企業価値を求める。ここでは、非事業価値は、現預金の11ヶ月分と投資有価証券を合算することとする。現預金の11ヶ月分とするのは、1ヶ月分は事業として必要な資金である、との見方からである。企業価値から有利子負債を減額することで、株主価値が求められる。

株主価値で求めるように式で組み替えると、

企業価値 ＝ 事業価値 ＋ 非事業価値 ＝ 株主価値 ＋ 有利子負債
株主価値 ＝ 事業価値 ＋ 非事業価値 − 有利子負債

となる。この株式価値から自社株控除後発行済株式総数で割ると、理論株価が求められる。株主価値を求める上で、事業価値と非事業価値は加算項目、有利子負債は減算項目である。

株主価値 ＝ 自社株控除後発行済株式総数 × 理論株価

上場企業であれば、理論株価と直近の終値の株価を比較すれば、割高か割安かを見ることができる。

マルチプル法の手順

第1節 評価対象企業の事業内容の確認

1）事業内容を確認する

　第6章ではDCF法の手順について取り上げた。第7章では、マルチプル法（Multiples Approach、倍率法、株価倍率法）の手順を取り上げる。マルチプル法は、類似会社比較法とも呼ばれ、非上場企業の企業価値評価で使われることが多い。算定手順は、次の通りである。

（1）評価対象企業の事業内容の確認 （第1節）
（2）類似会社の選定 （第2節）
（3）採用する株価倍率の特定 （第3節）
（4）対象企業の株主資本価値の算定 （第4節）

　まず、評価対象企業の事業内容を確認する。評価対象企業はどんな事業を扱っているのか、収益の源泉はどの事業になっているのかなどを確認する。事業構造をざっくりと掴むことで、類似会社の選定のヒントを得る。

　事業内容を把握する取っかかりとしては、評価対象企業のコーポレートサイトや、日本経済新聞や、日刊工業新聞などの業界新聞といった新聞記事情報である。

　事業内容を調べる上で最初に確認すべきもの
　①評価対象企業のコーポレートサイト
　②日本経済新聞、業界新聞などの新聞記事情報

　上場企業の場合には、大半の会社では決算短信や、決算説明資料などの財務情報がコーポレートサイトに掲載され、有価証券報告書 （四半期報告書） は

EDINET（エディネット、金融商品取引法に基づく有価証券報告書等の開示書類に関する電子開示システム）で入手できる。また、会社によっては、コーポレートサイトに力を入れて、製品・サービス情報や沿革、市場シェアなどの情報を載せている場合もあるため、公開情報ベースでも事業内容を調べることは可能である。

また、東洋経済新報社の『会社四季報』は、上場企業の四半期毎の決算発表を踏まえて、毎四半期、全上場企業の最新情報のサマリーが載っているため、端的に事業内容を把握することができる。自動車業界などの市場規模の大きい業界の主要プレイヤーである場合には、日本経済新聞社や東洋経済新報社の『業界地図』に載っている場合があるため、チェックしておきたいところである。

非上場企業の場合には、評価対象企業のコーポレートサイトや、日本経済新聞や、日刊工業新聞などの業界新聞といった新聞記事情報が最初となる点は上場企業と共通である。非上場企業においても、東洋経済新報社より『会社四季報未上場企業版』があり、調べることは可能である。しかし、現状では1万3千社程度であり、評価対象企業が載っていない可能性が生じる。お金をかけられる場合には、帝国データバンクや東京商工リサーチなどの信用調査会社の信用調査報告書を入手すれば、直近の財務状況などを把握することが可能である。また、日本経済新聞社の日経テレコンでは、信用調査会社と提携しているため、日経テレコン内で情報を入手することが可能である。

非上場企業の場合には、財務データは評価対象企業から取り寄せて入手するのが通常であるが、稀に公開情報としてコーポレートサイトに掲載している場合もある。例えば、農業機械メーカーのヤンマーホールディングスは、非上場企業であるが、上場企業と同様の決算短信を年に1回作成し公表している。また、陸運会社のSGホールディングス（証券コード9143）は、現在は上場企業であるが、上場前には年に2回、決算短信を作成し公表していた。決算短信を作成している非上場企業の場合には、事業別セグメントなどのセグメント情報を得られる場合が多いが、対外公表が義務付けられている訳ではないため、セグメント情報までは作成していないことも多い。

事業内容を調べるにあたっては、①製品・サービスの市場シェアがどれくらいか、②業界の市場規模の情報が入手可能か、③どの会社が主な競合か、

を把握できるようにすることが必要である。公開情報でこれらの情報が得られない場合には、評価対象企業を取材することで疑問点を解消することが必要である。また、公開情報で出ていたとしても、事実と異なる場合があるため、取材時に正しい情報かどうかを確認する必要がある。

　また、DCF法の時と同様にこの段階で評価対象企業の財務データを入手し、財務三表を再構成しておくことが望ましい。内容はDCF法と同様であるため、ここでは詳細な説明を省略する。

類似会社の選定

　次に、類似会社の選定を行う。類似会社の選定では、業種や業界だけではなく、規模や事業構成、地域などを総合的に検討し、その類似性を判断する。この類似会社の選定はかなり重要な作業で、評価結果の妥当性に大きく影響する。事業内容を把握した段階で類似会社がどこかを正確に把握できていることが望ましいが、現実的には難しい。従って、取材を通じて競合や類似会社を確認することが必要になる。類似会社の選定後は、これらの会社の財務データを入手する。

　なお、競合を特定する場合には、上場企業か非上場企業かどうかは関係ないが、類似会社を選定する場合には、対象は全て上場企業である。理由は、類似会社の財務データを使って株価倍率を算定するためである。また、類似会社＝競合とは限らない。ビジネスモデルが近い会社を選んだ方が良い場合もある。

　例えば、機械工具を扱う機械商社の非上場企業の類似会社を探すとする。機械商社の上場企業と言えば、ユアサ商事（証券コード8074）や山善（同8051）、マルカ（同7594）などである。これら3社はいずれも機械装置を扱っている。しかし、評価対象企業の取扱商品は、機械工具や消耗品である。従って、機械装置を扱う機械商社とはビジネスモデルが異なる。どちらかと言えば、同じように機械工具や消耗品を取り扱うトラスコ中山（同9830）やミスミグループ本社（同9962）、MonotaRO（同3064）と比較する方が、取扱商品が同じ領域であることから、より近いだろう。しかし、これら3社のうち、ミスミグループ本社とMonotaROの2社は、トラスコ中山の競合ではなく、顧客である。従って、類似会社ではあるが、競合関係にはないのである。

　類似会社は何社が良いかの決まりがある訳ではないが、初期段階ではできるだけ多く抽出しておいた方が無難である。より事業内容が近い類似会社に

最終的に絞っていくことになるため、最初から会社数が少ないと、選定できないためである。目安としては5〜10社程度だが、評価対象企業の事業内容によっては、より少ない社数になる場合もある。

第3節　採用する株価倍率の特定

1）実績値と予想値の収集

　次に、採用する株価倍率の特定を行う。株価倍率として扱う指標は、第3章で取り上げたPER、PBR、PSR、EV/EBIT倍率、EV/EBITDA倍率などである。類似会社各社のコーポレートサイトに掲載された決算短信から財務データを入手し、株価はYahoo! ファイナンスからデータを入手することで、各株価倍率の計算を行う。

　これら5つの指標を算定するには、類似会社の次のデータが必要である。

　（1）株価（1ヶ月平均）
　（2）発行済株式総数
　（3）自己株式数
　（4）有利子負債実績値
　（5）現預金
　（6）自己資本実績値
　（7）売上高予想値
　（8）営業利益予想値
　（9）減価償却費予想値（＋のれん償却額予想値）
　（10）親会社株主に帰属する当期純利益の予想値

　自己資本実績値、売上高予想値、営業利益予想値、減価償却費予想値、当期純利益予想値を抽出する。自己資本実績値は、決算短信から得られる。予想値は、直近の決算短信に記載されている会社計画値か、東洋経済新報社の『会社四季報』の予想値を用いるのが通常である。自らこれらの類似会社の予想をしているアナリストの立場の場合には、自らの予想値を用いるが、この

ケースは実務上は少ない。

営業利益予想値は、EBIT になる。EBITDA は EBIT に減価償却費を加えたものであり、減価償却費の予想値が特定できれば、EBITDA の予想値も確定する。

売上高予想値、営業利益予想値、親会社株主に帰属する当期純利益の予想値は、会社計画値が決算短信に大抵は載っているため、直近の決算短信から得られることが多い。しかし、減価償却費予想値は、決算短信をチェックしても大抵、載っていない。コーポレートサイトに掲載されている決算説明資料に明記されている場合が多いものの、載せていない上場企業もある。この場合には、東洋経済新報社の『会社四季報』に記載されている減価償却費の予想値が参考になる。

2）VWAP、企業価値 (EV) を計算する

株価は、VWAP（出来高加重平均取引、Volume Weighted Average Price）を用いる。これは、出来高を考慮したものである。

最初に、各社の企業価値（EV）を求める。求め方は、以下の数式の通りである。有利子負債は実績値である。発行済株式総数は、自己株式数を控除したものを活用する。のれん償却額は、ある場合に限られる。

●企業価値 (EV) の求め方
自社株控除後発行済株式総数 ＝ 発行済株式総数 － 自己株式数
株価 × 自社株控除後発行済株式総数 ＝ (株式) 時価総額
(株式) 時価総額 ＋ 有利子負債 ＝ 企業価値 (EV)
EBIT ＝ 営業利益予想値
EBITDA ＝ 営業利益予想値 ＋ 減価償却費予想値
※ここでは簡便化のため、現預金や非支配株主持分を考慮していない

株価は、以下の形で 1 ヶ月平均値を求める。

（1）「出来高×株価」の 1 ヶ月間の平均値を求める

（2）出来高の１ヶ月間の平均値を求める

（3）「出来高×株価」の１ヶ月間の平均値を出来高の１ヶ月間の平均値で
割る

3）株価倍率を計算する

（1）PERを計算する

ここでは、それぞれの株価倍率を求める。まず、PERの算定手順について
紹介する。最初に、EPSを求める。EPSは、１株当たり純利益（Earnings Per Share）
である。分子は親会社株式に帰属する当期純利益の予想値、分母は自社株控
除後発行済株式総数を用いる。次に、PERを求める。PERは、株価収益率
（Price Earnings Ratio）である。分子はここでは、１ヶ月平均の株価を用いる。分
母はEPSを用いる。

$$自社株控除後発行済株式総数 \ = \ 発行済株式総数 \ - \ 自己株式数$$

$$\frac{EPS}{（円）} = \frac{親会社株主に帰属する当期純利益の予想値}{自社株控除後発行済株式総数}$$

$$\frac{PER}{（倍）} = \frac{１ヶ月平均の株価}{EPS}$$

（2）PBRを計算する

次に、PBRの算定手順について紹介する。最初に、BPSを求める。BPSは、
１株当たり純資産（Book-value Per Share）である。分子は自己資本の実績値、分母
は自社株控除後発行済株式総数を用いる。自己資本は、純資産から非支配株
主持分と新株予約権を差し引いて求める。PBRは、株価純資産倍率（Price
Book-value Ratio）である。分子はここでは、１ヶ月平均の株価、分母はBPSを用
いる。

$$自社株控除後発行済株式総数 \ = \ 発行済株式総数 \ - \ 自己株式数$$

$$\frac{BPS}{（円）} = \frac{自己資本の実績値}{自社株控除後発行済株式総数}$$

$$\frac{\text{PBR}}{(\text{倍})} = \frac{1\text{ヶ月平均の株価}}{\text{EPS}}$$

（3）PSRを計算する

次に、PSRの算定手順について紹介する。最初に、SPSを求める。SPSは、1株当たり売上高 (Sales Per Share) である。分子は売上高予想値、分母は自社株控除後発行済株式総数を用いる。PSRは、株価売上高倍率 (Price to Sales Ratio) である。分子はここでは、1ヶ月平均の株価、分母はSPSを用いる。

$$\text{自社株控除後発行済株式総数} = \text{発行済株式総数} - \text{自己株式数}$$

$$\frac{\text{SPS}}{(\text{円})} = \frac{\text{売上高予想値}}{\text{自社株控除後発行済株式総数}}$$

$$\frac{\text{PSR}}{(\text{倍})} = \frac{1\text{ヶ月平均の株価}}{\text{SPS}}$$

（4）PCFRを計算する

次に、PCFRの算定手順について紹介する。最初に、CFPSを求める。CFPSは、1株当たりキャッシュ・フロー (Cash Flow Per Share) である。分子は、ここでは簡便法である親会社株主に帰属する当期純利益の予想値と減価償却費の予想値とする。より精緻に行う場合には、営業キャッシュ・フローの予想値を用いる。分母は自社株控除後発行済株式総数を用いる。PCFRは、株価キャッシュ・フロー倍率 (Price Cash Flow Ratio) である。分子はここでは、1ヶ月平均の株価、分母はCFPSを用いる。

$$\text{自社株控除後発行済株式総数} = \text{発行済株式総数} - \text{自己株式数}$$

$$\frac{\text{CFPS}}{(\text{円})} = \frac{\text{親会社株主に帰属する当期純利益の予想値} + \text{減価償却費の予想値}}{\text{自社株控除後発行済株式総数}}$$

$$\frac{\text{PCFR}}{(\text{倍})} = \frac{1\text{ヶ月平均の株価}}{\text{CFPS}}$$

（5）EV/EBIT 倍率を計算する

　次に、EV/EBIT 倍率の算定手順について紹介する。企業価値（EV）とEBIT
は、前述で紹介済であるが、再掲する。EBITは営業利益の予想値である。
EV/EBIT 倍率は、分子はEV、分母はEBITである。

　企業価値（EV）＝（株式）時価総額 ＋ 有利子負債　（簡便法）

　　　　　　　　＝（株式）時価総額 ＋ 純有利子負債（有利子負債 － 現預金）

　　　　　　　　　＋ 非支配株主持分

　株価 × 自社株控除後発行済株式総数 ＝（株式）時価総額

　自社株控除後発行済株式総数 ＝ 発行済株式総数 － 自己株式数

　EBIT ＝ 営業利益予想値

　※ここでは簡便化のため、EVは現預金や非支配株主持分を考慮していない

$$\frac{\text{EV/EBIT 倍率}}{\text{（倍）}} = \frac{\text{EV}}{\text{EBIT}}$$

（6）EV/EBITDA 倍率を計算する

　次に、EV/EBITDA 倍率の算定手順について紹介する。企業価値（EV）と
EBITDAは、前述で紹介済であるが、再掲する。EBITDAは営業利益の予想
値と減価償却費の予想値の合算値である。EV/EBITDA 倍率は、分子はEV、
分母はEBITDAである。

　企業価値（EV）＝（株式）時価総額 ＋ 有利子負債　（簡便法）

　　　　　　　　＝（株式）時価総額 ＋ 純有利子負債（有利子負債 － 現預金）

　　　　　　　　　＋ 非支配株主持分

　株価 × 自社株控除後発行済株式総数 ＝（株式）時価総額

　自社株控除後発行済株式総数 ＝ 発行済株式総数 － 自己株式数

　EBITDA ＝ 営業利益予想値 ＋ 減価償却費予想値

　※ここでは簡便化のため、EVは現預金や非支配株主持分を考慮していない

$$\frac{\text{EV/EBITDA 倍率}}{\text{（倍）}} = \frac{\text{EV}}{\text{EBITDA}}$$

対象企業の 株主資本価値の算定

　株価倍率を求めたら、類似会社の平均値と中央値を求める。極端に高い倍率があったり、マイナス値が入り込んだりした場合には、対象外とすべきかを検討し、平均値または中央値を採用する。

　採用する株価倍率を決めた後は、対象企業の株主資本価値の算定を行い、理論株価を計算する。具体的には、株価倍率と評価対象企業の財務データを乗じて株主資本価値を算定する。

　株主資本価値の算定をより精緻に行う場合は、現預金を加算し、非支配株主持分を控除するなどの処理を行うが、本書では企業価値（EV）＝株主資本価値＋有利子負債とする。

1）PERでの理論株価の求め方

親会社株主に帰属する当期純利益の予想値 × PERの株価倍率
＝ 株主資本価値

$$\text{理論株価}（円） = \frac{\text{株主資本価値}}{\text{自社株控除後発行済株式総数}}$$

2）PBRでの理論株価の求め方

自己資本実績値 × PBRの株価倍率 ＝ 株主資本価値

$$\text{理論株価}（円） = \frac{\text{株主資本価値}}{\text{自社株控除後発行済株式総数}}$$

※自己資本も予想値の方がより望ましいが、ここでは実績値としている

3）PSRでの理論株価の求め方

売上高予想値 × PSRの株価倍率 ＝ 株主資本価値

$$\text{理論株価} \atop \text{(円)} = \frac{\text{株主資本価値}}{\text{自社株控除後発行済株式総数}}$$

4）PCSR での理論株価の求め方

（親会社株主に帰属する当期純利益の予想値 ＋ 減価償却費の予想値）
× PER の株価倍率 ＝ 株主資本価値

$$\text{理論株価} \atop \text{(円)} = \frac{\text{株主資本価値}}{\text{自社株控除後発行済株式総数}}$$

※当期純利益と減価償却費を営業キャッシュ・フローの予想値とする場合もある

5）EV/EBIT 倍率での理論株価の求め方

営業利益予想値 × EV/EBIT 倍率の株価倍率 ＝ 企業価値

株主資本価値 ＝ 企業価値 － 有利子負債

　　　　　　 ＝ 企業価値 － 有利子負債 ＋ 現預金 － 非支配株主持分

※本書では企業価値 － 有利子負債とする

$$\text{理論株価} \atop \text{(円)} = \frac{\text{株主資本価値}}{\text{自社株控除後発行済株式総数}}$$

6）EV/EBITDA 倍率での理論株価の求め方

（営業利益予想値 ＋ 減価償却費の予想値）× EV/EBITDA 倍率の株価倍率
＝ 企業価値

株主資本価値 ＝ 企業価値 － 有利子負債

　　　　　　 ＝ 企業価値 － 有利子負債 ＋ 現預金 － 非支配株主持分

※本書では企業価値 － 有利子負債とする

$$\text{理論株価} \atop \text{(円)} = \frac{\text{株主資本価値}}{\text{自社株控除後発行済株式総数}}$$

第 **8** 章

会社の
値段の決め方

第1節 会社の値段の決め方

1）機械的に算定はできない

第7章までは企業価値評価の基本的な計算方法について紹介してきた。第8章では、そもそもの会社の値段の決め方について、取り上げる。

そもそも、会社の値段を決めるとは、評価対象企業の企業価値を算定し、理論株価を導き出すことである。そのためにDCF法やマルチプル法などの算定方法がある。しかし、概念や数式を覚えれば機械的に算定できる訳ではない。あくまでこれらの手法はツールに過ぎない。つまり、会社の値段は公式を覚えれば答えが出るほど単純ではないのである。

2）将来性をどう評価するかが重要

重要なのは、会社の将来性をどう評価するか、という仮説をいかに持っているか、である。業績は改善する方向にあるのか、それとも後退する方向にあるのか、将来予測をどう扱うかで算定額は変わってくる。従って、同じ1つの会社であっても、違う人が評価すれば、理論株価は変わる。また、評価する人が同じ人物であっても、評価する時点が異なれば、理論株価は変わる。

3）シナリオによって答えは変わる

理論株価は、前提となるシナリオによって変わってくる。アナリストの場合には、理論株価は一つである。将来の予想値は自ら予想し、算定する。しかし、同じアナリストでも、算定する時期が異なれば、評価は変わる。違うアナリストであれば、評価は変わる。同じ理論価格になることは少ない。

コンサルタントの場合には、楽観、中庸、悲観といった、いくつかのシナリオを想定して算定するため、そもそも理論株価は一つではない。理論株価はレンジで示すことが多い。自分で理論株価を判断するのではなく、あくま

で顧客が判断するための材料を提供するためである。

例えば、2020年9月29日にNTT（証券コード9432）がNTTドコモを公開買い付けすると発表した際のプレスリリースに記載されたNTTドコモの算定価格は、以下の通り、レンジで示されている。

市場株価分析：2,775円～3,018円
類似企業比較分析：2,322円～3,406円
DCF分析：3,204円～4,225円

4）取材に答えは出ていない

企業価値評価を行う上で、取材は確からしさを増す上で重要な手段である。しかし、取材先が正しく答えるとは限らない。全ての会社が正しく業績予想をし、状況を把握しているとは限らないためである。従って、取材は確からしさを増すためのもので、正解が得られる訳ではないことを理解しておく必要がある。

これは、アナリストの取材では往々にして起きやすい話である。「○○については、どう見ておけばよろしいですか？」という質問が取材現場で行われている。しかし、アナリストは自身で将来予想をするのが仕事である。自らの予想を持たなければ、答えは出てこない。

コンサルタントの場合、会社側の事業計画が算定の基礎材料になる。しかし、その事業計画が必ずしも正しいとは限らない。実現不可能なものである場合もある。事業計画や取材内容はあくまで判断材料であり、それが全て正しいと考えるのは危険である。

5）モデルは細かくすれば良いものではない

企業価値評価で陥りがちなのが、モデルの精緻化である。単価がいくらで数量がいくらで、と細かく前提条件を作って作成する。もちろん精緻に予想できた方が良い。しかし、取材で情報が得られるとは限らない。精緻に情報が得られない場合もある。精緻化するために細かく質問し、無理矢理作るのは現実的ではない。そもそも取材先が数値を持っていない場合も往々にして

起こり得るからである。従って、置かれた状況に応じて精緻化を目指すことが望ましい。上場企業の場合には、大型株企業と同等程度の水準の情報量が中小型株企業でも可能である、と勘違いすることがあるが、会社の規模や管理部門の人員によって割ける労力も異なるため、注意したいところである。

6）事前予想と算定結果が異なる場合もある

　取材して、いざ理論株価を算定してみると、事前予想とは異なる場合が往々にしてある。上場企業の場合には、株価は日々動くため、事前予想した時点から時間が経過してしまうと、状況が変わってしまう場合もある。あまりにも乖離が大きい場合には、再度取材するなどの新たな対応をした方が良い場合もあるため、取材時期と算定時期はできるだけずれがないことが望ましい。

7）業績の方向性と水準感の2つのバランスが必要

　理論株価の算定にあたっては、業績の方向性と株価の水準間の2つのバランスが必要である。業績の方向性の変化は、DCF法による理論株価の変動という形で表れる。一方、株価の水準感の変化は、PER、PBRなどの株式指標に表れる。

　例えば、業績が拡大する方向にあっても、競合他社、類似他社と比較して現状の株価水準が極端に高い場合には、投資先としては注意して見た方が良いだろう。一方、業績が目先は後退していても、競合他社、類似他社と比較して現状の株価水準が極端に低い場合には、投資先として検討できる先である可能性があるだろう。DCF法だけで答えを導き出すのではなく、他の株式指標も見ながら、総合的に投資判断することが必要である。

8）極端に高い、極端に低い場合には何らかの事情がある

　評価対象企業の株価が極端に高かったり、極端に低かったりする場合には、何らかの事情がある。極端に高い場合には、次のような事情が考えられる。

（1）業界の株価水準が高い
（2）会社計画の変更が追い付いていない
（3）評価対象企業そのものの将来への期待値が高い

　競合や類似他社の株価水準が全体的に高い場合には、業界特性である。例えば、PERでは、部品メーカーや商社の水準は1桁台の会社が多いが、装置メーカーの場合には、10倍台が許容される。更に、省人化に関連した会社の場合には、20倍台が許容されることが多い。情報・通信に関連する会社の場合には、更に高い水準が許容されることが多い。高い水準が許容されるには、それだけ成長性が高いと見られているためである。業界全体が高い場合には、その業界自体の成長性が高いと見られているのである。

第2節 アナリストレポートの見方

　ここでは、アナリストレポートの見方について説明する。アナリストレポートとは、証券アナリストが発行するレポートのことである。アナリストとは、証券会社に所属するセルサイドアナリストと、運用会社に所属するバイサイドアナリストに分かれる。

　セルサイドアナリストが発行するレポートは、広く投資家が見るものであるため、証券市場に大きな影響を及ぼす。一方、バイサイドアナリストが発行するレポートは、運用会社内で見るものであるため、外部が見るものではない。

　この他、独立系調査会社があり、そこでもレポートが発行されているが、投資家が広く見るレポートであるという点で位置付けはセルサイドアナリストに近い。

　アナリストレポートには、次の内容が記載されている。

1）業績予想

　アナリストによる業績予想である。期間は2期、3期と、証券会社や独立系調査会社によってまちまちである。

2）投資判断

　調査対象としている上場企業の投資判断について、買い、中立、売りのいずれかの見解を出している。段階は3段階の場合もあれば、5段階など、より多い場合もある。また、投資判断を付けない場合もある。

3）目標株価

　理論株価がいくらかを示したものである。投資判断が買いの場合には、レ

ポート発行時点の株価よりも高い目標株価を設定する。中立の場合には、理論株価は発行時の株価と大きくは変わらない。売りの場合には、発行時の株価は理論株価を上回っている。

4）その他のレポート

　個別企業のレポートの他に、業界全体の動向や、テーマについてまとめたレポートを発行することがある。業界全体の動向について書く場合にはセクターレポート、働き方改革などのように、テーマを絞って書く場合には、テーマレポートと呼ぶ。

第3節 市場コンセンサス予想と 会社計画、 会社四季報予想

1) 市場コンセンサス予想はアナリスト予想の平均値

　上場企業の場合には、先行きを見る上で指標となるものとして、市場コンセンサス予想、会社計画、会社四季報予想の3つがある。

　市場コンセンサス予想は、アナリストが発行するアナリストレポートで出されている予想値の平均値である。ここで言うアナリストとは、いわゆるセルサイドアナリスト、証券会社や独立系調査会社などで産業・企業調査をもとに、個別証券の分析・評価を行う専門家のことであり、バイサイドアナリストは含まれない。

　市場コンセンサス予想は、Bloomberg（ブルームバーグ）やQUICK（クイック）、IFIS（アイフィス）などで集計している。BloombergやQUICKは法人契約しないと見ることができない。IFISは、IFIS株予想というインターネットサイトで個別企業ごとに市場コンセンサス予想が得られる。

　大型株の場合には、複数社のアナリスト予想があり、その平均値が市場コンセンサス予想となっている。しかし、中小型株の場合、アナリスト予想が1社しかなかったり、アナリスト予想そのものが存在しなかったり（どの会社のアナリストもカバーしていなかったり）するケースがある。

　また、予想に掲載する内容は、アナリストによってまちまちである他、レポートの更新時期もまちまちである。毎四半期更新することもあれば、1度しか発行しない場合もある。

2) 会社計画は出していない会社もある

　会社計画（経営者予想、会社予想）は、上場企業が作成・公表する新年度予想である。業績予想と呼ぶ場合もあるが、アナリスト予想と区別が付きにくいの

で、注意が必要である。売上高、営業利益、経常利益、親会社株主に帰属する当期純利益の4つの予想値を開示するのがスタンダードである。

　多くの企業は、第2四半期累計 (中間期) 予想と、第4四半期累計 (年間) 予想を開示している。また、数値を例えば、110億円〜130億円と、レンジで出す会社もある。業界によっては、証券業界のように変動が激しい業界は、会社計画を公表していない場合もある。

3）会社四季報予想は上場企業を網羅

　会社四季報予想は、東洋経済新報社の『会社四季報』に掲載されている予想値である。東洋経済新報社の記者が取材し、毎四半期、最終月 (3月、6月、9月、12月) の中旬金曜日に発行され、予想値を更新している。市場コンセンサス予想と異なり、上場企業全社を網羅している。1936年の創刊以来、「株式投資のバイブル」として活用され、誰でも購入でき、機関投資家を含め、多くの投資家が参考にしている。会社四季報には、次の特徴がある。

（1）誌面は12区分から成る

　誌面は1ページにつき、2社分が載っており、内容は、12の欄に区分されている。具体的には、①業種、②社名・事業内容・本社住所等、③記事、④業績、⑤業績修正変化記号、⑥配当、⑦株主、⑧役員・連結会社、⑨財務、⑩資本異動・株価・格付、⑪株価チャート、⑫株価指標である。

（2）担当記者による独自業績予想

　④の業績は、担当記者の取材により、2年分の独自の業績予想が収録されている。個人投資家だけでなく、アナリストや機関投資家、M&Aのアドバイザーなどが広く活用している。

　市場コンセンサス予想、会社計画、四季報予想はいずれも上場企業の業績予想をする上での参考値になるものであるため、上場企業の企業価値評価を行う場合には参考材料となる。

第9章

企業価値評価の
ためのIR

情報開示に必要な項目

　第9章では、企業価値評価のためのIRについて説明したい。IR（インベスター・リレーションズ、Investor Relations）とは、投資家向け広報である。企業価値評価を行うには、取材される側として、適切な情報提供を評価実施者にする必要があるが、これは上場企業でも非上場企業でも行う必要があることである。

　IRの詳細については、前著『IR戦略の実務』（日本能率協会マネジメントセンター、2020年3月）に譲るとして、ここでは企業価値評価のために必要な情報開示項目について、要約のみを説明したい。情報開示上、必要な項目は、次の通りである。

1) セグメント別業績

　　事業別、地域別、製品・サービス別、用途別の売上高、営業利益、受注高、受注残高

2) 新年度会社計画

　　(1) 売上高、営業利益、経常利益、当期純利益

　　(2) セグメント別売上高、セグメント別営業利益

　　(3) 減価償却費、設備投資

3) 中期経営計画の目標値

　　売上高、営業利益、設備投資、減価償却費

4) 月次データの整備・公表

　　月次売上高、月次受注高など

5) 製品・サービスの市場シェア、競合、用途先

6) 強みと成長ストーリー

第2節 セグメント別業績は継続的・詳細に

まず、必要な情報は、セグメント別業績である。全体の業績を把握するだけでなく、事業別に状況を把握できることが望ましい。上場企業の場合には、多くの会社がセグメント別業績を開示している。しかし、非上場企業の場合には、作成義務はないため、必ずしも作成できていない場合がある。この場合には、子会社別や、製品・サービス別で集計できていることが望ましい。また、単一事業である場合でも、地域別で集計できる場合には、地域別に情報提供できることが望ましい。

業種によっては、売上高や営業利益だけでなく、受注高や受注残高の情報がある方が望ましい場合がある。例えば、装置産業の場合には、受注から売上までにはタイムラグが生じるため、業績の先行きを読む上では、受注高や受注残高が情報提供できることが望ましい。

また、単に情報提供するだけでなく、要因分析をしておくことが重要である。例えば、業績が悪化した場合に、なぜ悪化したのかを具体的に説明できる必要がある。為替が影響しているのか、販売数量の減少が影響しているのか、などである。

これらの情報は、開示の都度、やり方を変えるのではなく、継続的に詳細に実施することが求められる。理由は、非連続的であると、時系列分析が困難になるためである。

新年度会社計画は
セグメント別の作成も必要

　次に、必要な情報は、新年度の会社計画である。売上高、営業利益、経常利益、当期純利益（親会社に帰属する当期純利益）だけでなく、セグメント別で売上高、営業利益まで情報提供できることが望ましい。

　また、企業価値評価を行う上で重要なのは、減価償却費と設備投資の計画値である。上場企業でも集計していない会社が見受けられるが、DCF法で算定する場合には、必須項目となるため、評価実施者に情報提供できることが必要である。

第4節 中期経営計画は複数年作成が望ましい

　中期経営計画は、3〜5年程度の会社計画である。新年度の会社計画とは異なり、売上高と営業利益のみを目標値として開示する場合が多い。事業セグメントが複数ある場合には、事業セグメント別に売上高、営業利益を作成しておく必要がある。

　期間としては、3年とするケースが多い。アナリストがDCF法で企業価値評価をすることを考えると、売上高と営業利益のみでは不十分で、設備投資と減価償却費も必要になる。3年後の中期経営計画の目標値を開示する、とした場合、3年後の目標値だけでなく、1年後、2年後、3年後と、経年で目標値を開示した方が望ましい。また、海外展開している会社の場合には、為替前提をいくらにしているかも公表する必要がある。

　中期経営計画は、会社側はどういった中期的な先行きを考えているかを表す指標になるため、理想としては、毎年、目標値を見直し、ローリングすることで、先行きがどうなるかを外部に示すことが望ましい。

　上場企業の場合には、対外公表されていることが多いが、非上場企業の場合には、対銀行向けだけでなく、日頃から作成して社内で情報共有し、対外的に情報開示できる体制をとっておくことが望ましい。

●中期経営計画の目標値として最低限、情報開示が望ましい項目
売上高（セグメント別）、営業利益（セグメント別）、設備投資、減価償却費、為替前提

第5節 月次データは月次売上高、月次受注高など

 直近の情報としては、月次売上高や月次受注高などの月次データがある。小売業界では比較的多く実施されている情報開示であるが、商社や製造業などでも行われている。また、業界の市場データを月次データとして開示するケースもある。月次データの公表のメリットは、好材料や悪材料を早く公表することで、決算発表時における株価の乱高下を回避することである。上場企業の場合には、TDnet（適時開示閲覧サービス）かコーポレートサイトに掲載しているケースがあるが、2018年4月にフェア・ディスクロージャー・ルールが導入されたため、アナリストに進行期間中の情報提供をする場合には、オープン情報化する必要が生じる。評価実施者がコンサルタントの場合には、守秘義務契約を結んだ上で対応することになる。

第6節 市場シェア、競合、用途先はビジネスモデルの手がかり

1) 製品・サービスの市場シェア

　企業価値評価を実施する上で必要な情報がビジネスモデルの特徴である。ビジネスモデルの特徴が掴めれば、外部環境の変化が生じた際の将来シナリオが予想しやすくなる。

　ビジネスモデルの特徴として最初に重要な項目は、製品・サービスの市場シェアである。業界統計が整備されている業界であれば、推計はしやすいが、整備されていない業界の場合は、提示することは難しい。しかしながら、対外的に「シェアNo.1」と説明しているのに、それがどれくらいのシェアなのかを証拠を持って提示できないのは考えものである。このような場合には、市場シェアを推計して提示することを試みる必要があるだろう。

2) 製品・サービスの競合

　次に重要な項目は、競合情報である。製品・サービスごとにどういった競合がいるのかを対外的に明示することが求められる。単一製品・単一サービスの会社の場合、比較的特定しやすいが、複数の事業を扱っている場合、製品・サービスごとに競合情報を整備する必要がある。

3) 製品・サービスの用途先

　第三に重要な項目は、製品・サービスの用途先である。どういった業界が用途先（顧客）になっているのかを分かりやすく説明することが求められる。主要取引先が明示できることが望ましいが、取引先との契約の関係上、情報開示できない場合も考えられる。このため、少なくともどういった業界が用途先になっているかは開示した方が良いだろう。

第7節 強みと成長ストーリーは投資判断に欠かせぬ材料

　ビジネスモデルの特徴の中で最も重要な項目は、強みが何なのかを端的に説明できることである。強みの源泉について、上場企業でもきちんと説明しない会社が非常に多い。市場シェアが高いことではなく、なぜ高い市場シェアを得られることになったのか、それが強みである。しかし、高シェアを前面に出して説明してしまうケースがある。強みがどこにあるかを見出すには、会社の沿革も踏まえて特定する必要がある。

　また、強みと並んで重要な項目が、成長ストーリーである。どのように事業成長していくかを会社として説明できるようにしておく必要がある。成長ストーリーがしっかりしていれば、評価実施者の評価も上がりやすくなる。理由は、成長ストーリーはマクロ経済によるものではなく、会社独自のものであるためである。

第10章

DCF法の
ケース

第1節 過去の業績分析

1）財務諸表を入手する

　第10章では、DCF法によるケースについて触れる。第6章で紹介した流れに沿って、実際にDCF法により理論株価を算定する手順を取り上げる。ここでは、日精エー・エス・ビー機械（証券コード6284）というペットボトル成形機メーカーを分析対象として企業価値評価を行う。日精エー・エス・ビー機械は、9月決算の会社であり、ここでは2020年9月期決算時点での算定を行う。DCF法による企業価値評価は、以下の手順で進める。

　　（1）過去業績を分析する（第1節）
　　（2）資本コストを推計する（第2節）
　　（3）取材を実施する（第3節）
　　（4）将来キャッシュ・フローを予想する（第4節）
　　（5）企業価値を算定する（第5節）

過去業績の分析の流れとしては、次のような手順で行う。

　1）財務諸表の収集
　2）財務諸表の再構成
　3）業績の詳細な分析

　まず、財務諸表のデータを集める。日精エー・エス・ビー機械のコーポレートサイトで決算短信や決算説明会資料を得ることが可能である。収集する主なデータとしては、

①損益計算書 (P/L)

②貸借対照表 (B/S)

③キャッシュ・フロー計算書 (C/F)

④セグメント別業績 (売上高、営業利益)

⑤設備投資、減価償却費

⑥受注高、受注残高、生産台数等の決算補足情報

である。損益計算書 (P/L)、貸借対照表 (B/S)、キャッシュ・フロー計算書 (C/F)、セグメント別業績 (売上高、営業利益) は決算短信から入手できる。日精エー・エス・ビー機械の場合には、セグメント別業績は、所在地別セグメントと、製品・サービス別売上高が入手可能である。また、受注高、受注残高も決算短信から入手可能である。設備投資、減価償却費は決算説明会資料から予想値を入手可能である。台数情報の開示はないため、ここでは無視してよい。

2) 財務諸表を再構成する

財務諸表は、主要項目ごとに要約して再構成する。絶対的な決まりはないが、参考までに再構成したものをお示ししたい。違いは、第6章と、決算短信の数値を比較して頂きたい。期間については、ここでは過去5年間の財務データを入手することとする。

①損益計算書（P/L）の再構成

図表　損益計算書（P/L）の再構成（年間）

（単位：百万円）

決算期	16/9期	17/9期	伸び率	18/9期	伸び率	19/9期	伸び率	20/9期	伸び率
売上高	25,526	29,289	14.7%	27,834	-5.0%	26,129	-6.1%	27,254	4.3%
売上原価	14,289	16,406	14.8%	14,873	-9.3%	14,489	-2.6%	14,914	2.9%
売上原価	11,237	12,883	14.6%	12,960	0.6%	11,640	-10.2%	12,340	6.0%
販管費	6,711	6,778	1.0%	7,840	15.7%	7,335	-6.4%	7,489	2.1%
営業利益	4,525	6,104	34.9%	5,120	-16.1%	4,304	-15.9%	4,850	12.7%
営業外収益	381	873	129.1%	376	-56.9%	424	12.8%	438	3.3%
金融収益	146	155	6.2%	166	7.1%	144	-13.3%	146	1.4%
その他	235	718	205.5%	210	-70.8%	280	33.3%	292	4.3%
営業外損失	782	23	-97.1%	215	834.8%	536	149.3%	620	15.7%
金融費用	14	11	-21.4%	13	18.2%	35	169.2%	45	28.6%
その他	768	12	-98.4%	202	1583.3%	501	148.0%	575	14.8%
経常利益	4,123	6,954	68.7%	5,281	-24.1%	4,193	-20.6%	4,669	11.4%
特別損益	8	-31		1,184		126		335	
特別利益	9	5		1,194		128		652	
特別損失	1	36		10		2		317	
法人税等	1,601	2,352		2,109		1,155		758	
税率	38.8%	34.0%		32.6%		26.7%		15.1%	
非支配株主損益	-2	0		6		10		6	
当期純利益	2,532	4,571	80.5%	4,349	-4.9%	3,154	-27.5%	4,239	34.4%

　損益計算書（P/L）は、勘定科目の内訳が詳細に載っている。内訳の項目として必要なのは、受取利息・配当金と、支払利息である。支払利息は、貸借対照表（B/S）の有利子負債と合わせることで、負債コストの計算に活用することができる。なお、親会社株主に帰属する当期純利益は、図表上の表記は当期純利益としている。

　損益計算書（P/L）の場合、年間だけではなく、四半期おきにもデータを入手することが必要である。四半期おきでは、累計と四半期の両方、把握する必要がある。決算短信に記載されている損益計算書（P/L）は、累計である。年間と同様、5年間のデータを入手するのが望ましいが、時間的制約がある場合などは、3年間の四半期データがあると、直近の業績の傾向が掴める。

図表　損益計算書の再構成（四半期累計）

（単位：百万円）

決算期	20/9期							
	1Q	伸び率	2Q	伸び率	3Q	伸び率	4Q	伸び率
売上高	5,869	-4.1%	12,218	-0.3%	17,439	-6.1%	27,254	4.3%
売上原価	3,113	-15.1%	6,397	-9.8%	9,077	-12.8%	14,914	2.9%
売上総利益	2,756	12.5%	5,821	12.7%	8,361	2.3%	12,340	6.0%
販管費	2,050	9.2%	3,934	4.5%	5,745	3.6%	7,489	2.1%
営業利益	705	23.0%	1,887	34.9%	2,615	-0.7%	4,850	12.7%
営業外収益	209	44.1%	232	-4.9%	320	4.6%	438	3.3%
金融収益	30	-16.7%	81	6.6%	177	50.0%	146	1.4%
その他	179	64.2%	151	-10.1%	143	-23.9%	292	4.3%
営業外損失	188	2250.0%	494	751.7%	532	128.3%	620	15.7%
金融費用	12	50.0%	24	50.0%	32	28.0%	45	28.6%
その他	176	—	470	1019.0%	500	140.4%	575	14.8%
経常利益	726	2.4%	1,625	2.5%	2,403	-11.2%	4,669	11.4%
特別損益	437		438		125		335	
特別利益	437		438		442		652	
特別損失	0		0		317		317	
法人税等	391		225		250		758	
税率	33.6%		10.9%		9.9%		15.1%	
非支配株主損益	0		1		4		6	
当期純利益	771	20.5%	1,836	44.5%	2,274	8.2%	4,239	34.4%

図表　損益計算書の再構成（四半期別）

（単位：百万円）

決算期	20/9期							
	1Q	伸び率	2Q	伸び率	3Q	伸び率	4Q	伸び率
売上高	5,869	-4.1%	6,349	3.4%	5,221	-17.4%	9,815	30.0%
売上原価	3,113	-15.1%	3,284	-4.1%	2,680	-19.1%	5,837	42.9%
売上総利益	2,756	12.5%	3,065	12.9%	2,540	-15.7%	3,979	14.9%
販管費	2,050	9.2%	1,884	-0.2%	1,811	1.9%	1,744	-2.7%
営業利益	705	23.0%	1,182	43.1%	728	-41.0%	2,235	33.8%
営業外収益	209	44.1%	23	-76.8%	88	41.9%	118	0.0%
金融収益	30	-16.7%	51	27.5%	96	128.6%	-31	-219.2%
その他	179	64.2%	-28	-147.5%	-8	-140.0%	149	62.0%
営業外損失	188	2250.0%	306	512.0%	38	-78.3%	88	-71.0%
金融費用	12	50.0%	12	50.0%	8	-11.1%	13	30.0%
その他	176	—	294	600.0%	30	-81.9%	75	-74.4%
経常利益	726	2.4%	899	2.6%	778	-30.7%	2,266	52.5%
特別損益	437		1		-313		210	
特別利益	437		1		4		210	
特別損失	0		0		317		0	
法人税等	391		-166		25		508	
税率	33.6%		-18.4%		5.4%		20.5%	
非支配株主損益	0		1		3		2	
当期純利益	771	20.5%	1,065	68.8%	438	-47.2%	1,965	86.6%

②貸借対照表 (B/S) の再構成

　貸借対照表 (B/S) は、損益計算書 (P/L) よりも要約すべき数が多い。2ページにわたっている他、勘定科目の合算処理が多く必要なため、転記ミスに注意する必要がある。貸借対照表 (B/S) も四半期データが入手可能であるが、損益計算書 (P/L) に比べると優先順位は後になる。時間的余裕があれば、損益計算書 (P/L) と同様に四半期別データを入手しておくことが望ましいが、決算短信でチェックしてみる程度でも、事は足りる。

図表　貸借対照表 (B/S) の再構成

（単位：百万円）

決算期	16/9期	17/9期	伸び率	18/9期	伸び率	19/9期	伸び率	20/9期	伸び率
資産合計	32,296	42,066	30.3%	46,499	10.5%	45,852	-1.4%	57,899	26.3%
流動資産	23,859	30,319	27.1%	31,180	2.8%	31,006	-0.6%	42,020	35.5%
現金及び預金	7,243	9,925	37.0%	9,163	-7.7%	8,563	-6.5%	17,699	106.7%
売上債権	4,323	6,680	54.5%	5,859	-12.3%	6,076	3.7%	7,817	28.7%
棚卸資産	10,281	11,111	8.1%	14,606	31.5%	15,022	2.8%	13,822	-8.0%
その他	2,012	2,603	29.4%	1,552	-40.4%	1,345	-13.3%	2,682	99.4%
固定資産	8,436	11,747	39.2%	15,318	30.4%	14,845	-3.1%	15,879	7.0%
有形・無形固定資産	5,263	7,344	39.5%	11,916	62.3%	11,811	-0.9%	14,107	19.4%
有形固定資産	5,183	7,223	39.4%	11,791	63.2%	11,684	-0.9%	14,001	19.8%
無形固定資産	80	121	51.3%	125	3.3%	127	1.6%	106	-16.5%
投資その他資産	3,173	4,402	38.7%	3,402	-22.7%	3,033	-10.8%	1,771	-41.6%
投資有価証券	880	1,679	90.8%	236	-85.9%	191	-19.1%	164	-14.1%
その他	2,293	2,723	18.8%	3,166	16.3%	2,842	-10.2%	1,607	-43.5%
負債合計	12,794	16,652	30.2%	19,262	15.7%	17,022	-11.6%	26,515	55.8%
流動負債	7,187	10,839	50.8%	11,500	6.1%	7,846	-31.8%	11,783	50.2%
仕入債務	2,327	4,230	81.8%	3,162	-25.2%	2,286	-27.7%	3,117	36.4%
有利子負債	1,435	1,353	-5.7%	2,891	113.7%	1,902	-34.2%	1,898	-0.2%
その他	3,425	5,256	53.5%	5,447	3.6%	3,658	-32.8%	6,768	85.0%
固定負債	5,606	5,812	3.7%	7,761	33.5%	9,175	18.2%	14,731	60.6%
有利子負債	3,768	3,453	-8.4%	6,592	90.9%	7,935	20.4%	13,036	64.3%
その他	1,838	2,359	28.3%	1,169	-50.4%	1,240	6.1%	1,695	36.7%
純資産	19,502	25,413	30.3%	27,237	7.2%	28,829	5.8%	31,384	8.9%
自己資本	19,501	25,413	30.3%	27,231	7.2%	28,814	5.8%	31,363	8.8%
新株予約権・非支配株主持分	0	0	—	6	—	15	150.0%	20	33.3%

　有利子負債は、図表では流動負債と固定負債の合計値を記載していないが、合計値を計算しておくことが必要である。自己資本は、決算短信の1ページ目に大抵の会社は載っている。稀に載っていないことがあるが、その場合には、純資産合計から新株予約権と非支配株主持分を差し引く。第6章と内容は同じだが、実際の数値を決算短信から入手して照らし合わせる方が理解は

深まると思われるため、実際に作ってみることをお勧めしたい。

③キャッシュ・フロー計算書（C/F）の再構成

　キャッシュ・フロー計算書 (C/F) は、四半期別に開示している会社は少ない。第2四半期、第4四半期のみの開示の会社が多い。時間的余裕があれば、両方ともデータを入手しておくことが望ましいが、基本的には年間がベースとなる。

図表　キャッシュ・フロー計算書（C/F）の再構成

（単位：百万円）

決算期	16/9期	17/9期	18/9期	19/9期	20/9期
当期純利益	2,532	4,571	4,349	3,154	4,239
減価償却費	713	701	809	1,361	1,371
運転資本増減	**-787**	**-763**	**-4,154**	-1,789	**-180**
売上債権の増減	**-486**	**-1,830**	676	-500	**-1,969**
棚卸資産の増減	**-91**	**-201**	**-3,882**	-792	855
仕入債務の増減	**-210**	1,268	**-948**	-497	934
その他	52	899	**-1,728**	**-677**	3,260
営業活動によるキャッシュ・フロー	2,510	5,408	**-724**	2,049	8,690
固定資産の取得または売却	**-930**	**-2,271**	**-5,225**	-1,806	**-2,114**
その他	**-1,166**	60	1,678	847	219
投資活動によるキャッシュ・フロー	**-2,096**	**-2,211**	**-3,547**	-959	**-1,895**
有利子負債の増減	767	**-451**	4,673	345	5,029
配当金の支払金額	**-598**	**-599**	**-899**	-899	**-897**
自己株式の取得による支出	0	0	0	**-97**	0
その他	0	-2	**-2**	**-1**	**-1**
財務活動によるキャッシュ・フロー	170	**-1,052**	3,772	-652	4,131
その他の影響額	**-647**	458	**-66**	-233	**-163**
現金及び現金同等物の増減額	**-63**	2,603	**-565**	205	10,763
現金及び現金同等物の期末残高	6,192	8,796	8,230	8,435	19,199

　決算短信の営業キャッシュ・フローには、税金等調整前当期純利益が載っているが、これを親会社株主に帰属する当期純利益に置き換える。減価償却費はそのままである。運転資本増減は、売上債権の増減額、棚卸資産の増減額、仕入債務の増減額の3つから成る。投資キャッシュ・フローからは、設備投資を抽出する。具体的には、有形固定資産と無形固定資産に関わる項目を合算する。それ以外はその他とする。

　減価償却費、運転資本増減、設備投資の3つは、企業価値評価をする際に必要な項目となるため、チェックが必要である。

3）業績を詳細に分析する

　財務諸表の再構成の他、①セグメント情報、②受注高、受注残高、生産台数などの決算補足情報、を入手する。

　日精エー・エス・ビー機械の場合、決算短信にセグメント情報、受注高、受注残高が載っている。具体的には、所在地別セグメント（売上高、営業利益）、製品・サービス別売上高、製品・サービス別受注高、製品・サービス別受注残高が載っている。

　これらの情報は、損益計算書（P/L）と同様、年間だけではなく、四半期おきにもデータを入手することが必要である。四半期おきでは、累計と四半期の両方、把握する必要がある。期間は5年間揃えることが望ましいが、四半期おきでは3年間あれば、ある程度トレンドを掴むことが可能である。ここでは、所在地別セグメントの掲載は省略する。

図表　製品・サービス別売上高、受注高、受注残高（年間）

（単位：百万円）

決算期	16/9期	17/9期	伸び率	18/9期	伸び率	19/9期	伸び率	20/9期	伸び率
売上高	25,526	29,289	14.7%	27,834	-5.0%	26,129	-6.1%	27,254	4.3%
ストレッチブロー成形機	14,280	17,284	21.0%	15,257	-11.7%	13,878	-9.0%	15,928	14.8%
金型	6,708	7,219	7.6%	7,703	6.7%	7,520	-2.4%	6,467	-14.0%
付属機器	1,690	1,790	5.9%	1,763	-1.5%	1,720	-2.4%	1,802	4.8%
部品その他	2,846	2,994	5.2%	3,109	3.8%	3,009	-3.2%	3,056	1.6%
受注高	23,010	30,694	33.4%	28,854	-6.0%	26,056	-9.7%	34,248	31.4%
ストレッチブロー成形機	12,186	18,168	49.1%	15,533	-14.5%	13,652	-12.1%	20,623	51.1%
金型	6,407	7,824	22.1%	8,152	4.2%	7,716	-5.3%	8,344	8.1%
付属機器	1,599	1,709	6.9%	2,039	19.3%	1,714	-15.9%	2,144	25.1%
部品その他	2,816	2,991	6.2%	3,129	4.6%	2,972	-5.0%	3,135	5.5%
受注残高	7,656	9,060	18.3%	10,080	11.3%	9,508	-5.7%	15,471	62.7%
ストレッチブロー成形機	4,395	5,279	20.1%	5,556	5.2%	4,998	-10.0%	9,147	83.0%
金型	2,626	3,231	23.0%	3,679	13.9%	3,765	2.3%	5,279	40.2%
付属機器	543	461	-15.1%	737	59.9%	681	-7.6%	928	36.3%
部品その他	90	87	-3.3%	107	23.0%	63	-41.1%	117	85.7%

図表 製品・サービス別売上高、受注高、受注残高（四半期累計）

(単位：百万円)

決算期	20/9期							
	1Q	伸び率	2Q	伸び率	3Q	伸び率	4Q	伸び率
売上高	5,869	-4.1%	12,218	-0.3%	17,439	-6.1%	27,254	4.3%
ストレッチブロー成形機	2,787	-11.0%	6,226	0.0%	9,247	-3.2%	15,928	14.8%
金型	1,944	3.2%	3,639	-3.5%	4,837	-13.0%	6,467	-14.0%
付属機器	403	7.8%	820	6.2%	1,157	-7.0%	1,802	4.8%
部品その他	734	0.7%	1,532	3.0%	2,197	-1.5%	3,056	1.6%
受注高	8,166	29.5%	15,916	25.7%	24,502	23.3%	34,248	31.4%
ストレッチブロー成形機	4,905	48.0%	9,162	36.8%	14,949	44.9%	20,623	51.1%
金型	1,948	4.7%	4,100	9.2%	5,670	-4.9%	8,344	8.1%
付属機器	542	25.5%	1,103	45.5%	1,662	21.2%	2,144	25.1%
部品その他	769	10.0%	1,550	6.4%	2,219	0.0%	3,135	5.5%
受注残高	11,595	12.9%	12,603	20.2%	15,829	39.3%	15,471	62.7%
ストレッチブロー成形機	7,012	22.1%	7,609	26.2%	10,314	63.1%	9,147	83.0%
金型	3,666	0.3%	4,031	10.1%	4,343	6.4%	5,279	40.2%
付属機器	818	2.8%	887	22.5%	1,110	28.5%	928	36.3%
部品その他	98	28.9%	74	-1.3%	61	-35.8%	117	85.7%

図表 製品・サービス別売上高、受注高、受注残高（四半期別）

(単位：百万円)

決算期	20/9期							
	1Q	伸び率	2Q	伸び率	3Q	伸び率	4Q	伸び率
売上高	5,869	-4.1%	6,349	3.4%	5,221	-17.4%	9,815	30.0%
ストレッチブロー成形機	2,787	-11.0%	3,439	11.2%	3,021	-9.1%	6,681	54.3%
金型	1,944	3.2%	1,695	-10.2%	1,198	-32.9%	1,630	-16.9%
付属機器	403	7.8%	417	4.8%	337	-28.6%	645	35.5%
部品その他	734	0.7%	798	5.1%	665	-10.4%	859	10.3%
受注高	8,166	29.5%	7,750	21.9%	8,586	19.3%	9,746	57.4%
ストレッチブロー成形機	4,905	48.0%	4,257	25.9%	5,787	60.0%	5,674	70.0%
金型	1,948	4.7%	2,152	13.7%	1,570	-28.9%	2,674	52.3%
付属機器	542	25.5%	561	72.1%	559	-8.8%	482	40.5%
部品その他	769	10.0%	781	3.0%	669	-12.2%	916	21.6%
受注残高	11,595	12.9%	12,603	20.2%	15,829	39.3%	15,471	62.7%
ストレッチブロー成形機	7,012	22.1%	7,609	26.2%	10,314	63.1%	9,147	83.0%
金型	3,666	0.3%	4,031	10.1%	4,343	6.4%	5,279	40.2%
付属機器	818	2.8%	887	22.5%	1,110	28.5%	928	36.3%
部品その他	98	28.9%	74	-1.3%	61	-35.8%	117	85.7%

　財務諸表の再構成が終わり、セグメント情報や決算補足情報の入手とデータ入力を終えたら、業績の詳細な分析を行う。

　アプローチとしては、年間、四半期それぞれの期間と、全体、セグメント別の2つの視点で行う。

年間だけで分析してしまうと、業績の方向性を見誤る可能性があるため、四半期や月次で直近の財務状況を確認することで、業績の方向性を見出す仮説を立てる。

　また、時間的余裕がある場合には、評価企業だけでなく、競合他社の業績や、該当する業界の経済統計をチェックすることも重要である。

　日精エー・エス・ビー機械の場合には、日本産業機械工業会のプラスチック加工機械の受注額や、経済産業省の生産動態統計の機械統計編のうち、ブロウ成形機の生産額が該当するが、日精エー・エス・ビー機械とはトレンドが異なるため、ここでは省略する。

　なお、直近の四半期決算を分析すると、2020年9月期第3四半期(4-6月)では、売上高、営業利益が大幅に減少しているが、受注高、受注残高は拡大していた。第4四半期(7-9月)では、売上高、営業利益、受注高、受注残高の全てが大幅に拡大している。これは、第3四半期では、主要生産拠点であるインド工場が新型コロナウイルスの感染拡大によるロックダウンの影響で出荷できない状況となっていたが、第4四半期では出荷できる状況に変わっており、需要は旺盛であるためである。受注高、受注残高は拡大しており、業績は拡大の方向性にあることがうかがえる。

第2節　資本コストの推計

1）類似会社の特定

　財務データの収集や分析を行うと共に必要な作業が、資本コストの推計である。資本コストとは、加重平均資本コスト（WACC）の推計である。資本コストの推計の手順としては、次の通りである。

- （1）類似会社の特定
- （2）資本構成の推定
- （3）負債コストの推定
- （4）株主資本コストの推定
- （5）WACCの算出

　まず、評価企業を分析した上で、類似会社の特定を行う。上場企業の場合、競合や類似会社を抽出する。

　日精エー・エス・ビー機械の場合、ペットボトル成形機メーカーだが、直接の競合は非上場企業の青木固研究所（長野県埴科郡坂城町）であるため、類似会社である成形機メーカーを探すことになる。ここでは、芝浦機械（証券コード6104）、アイダエンジニアリング（同6118）、東洋機械金属（同6210）、日精樹脂工業（同6293）などを抽出する。芝浦機械は成形機（射出成形機、ダイカストマシン、押出成形機）以外にも工作機械や産業用ロボットを扱っているが、それ以外は成形機が主力製品である。

　選定は、特に1つの正解が存在する訳ではない。このケースの場合には、例えば、成形機の周辺機器であるカワタ（同6292）を加えることもできるし、他の成形機メーカーを加えることも可能だろう。しかしながら、成形機の売上高比率が極端に低いメーカーは、含めない方が良いだろう。例えば、日立

造船（同7004）は、プレス機械を扱ってはいるものの、主力事業はごみ処理装置を扱う環境・プラント部門である。主力事業が成形機ではないため、類似会社からは外しておいた方が無難である。

図表　日精エー・エス・ビー機械と類似会社の例

証券コード	社名	主要製品
6284	日精エー・エス・ビー機械	ペットボトル成形機
6104	芝浦機械	射出成形機・ダイカストマシン・押出成形機・工作機械
6118	アイダエンジニアリング	プレス機械
6210	東洋機械金属	射出成形機・ダイカストマシン
6293	日精樹脂工業	射出成形機

　類似会社の選定後は、これらの会社の財務データを入手する。上場企業の場合には、PER、PBR、PSRなどの株式指標で割安、割高を比較する材料になる。従って、上場企業の場合には必ず財務データを入力しなければ算定できない訳ではないものの、比較する尺度を得る意味では大事な作業である。

2）資本構成の推定

　資本構成は、有利子負債と時価総額から求める。WACCの数式の一部を求めることになる。具体的には、次の2つである。

$$\frac{D}{D+E} \qquad \frac{E}{D+E}$$

有利子負債は、直近の決算短信の貸借対照表（B/S）から入手する。時価総額は、

自社株控除後発行済株式総数 × 株価

である。直近の発行済株式総数と自社株数は決算短信の1〜2ページに掲載されているため、2つの数値を入手して自社株数を控除した後の発行済株

式総数を計算する。日精エー・エス・ビー機械の場合、2020年11月30日の終値5,700円で計算すると、

15,348,720株 ― 357,048株 ＝ 14,991,672株
14,991,672株 × 5,700円 ＝ 85,452百万円（端数切り捨て）

となる。有利子負債額は、2020年9月期は、

流動負債分　　　固定負債分
1,898百万円 ＋ 13,036百万円 ＝ 14,934百万円

であり、2019年9月期は、

流動負債分　　　固定負債分
1,902百万円 ＋ 7,935百万円 ＝ 9,837百万円

となる。

従って、分母となる V（企業価値、EV）＝ D ＋ E は、直近では、

14,934百万円 ＋ 85,452百万円 ＝ 100,836百万円となる。

3）負債コストの推定

負債コストは、以下の評価企業の借り入れや支払利息の実績から負債コストを推計する方法以外にも、格付けや社債のスプレッドから負債コストを推計する方法がある。ここでは前者を記載する。

$$負債コスト ＝ \frac{支払利息}{\dfrac{（期首有利子負債 ＋ 期末有利子負債）}{2}}$$

上場企業の場合には、決算短信や有価証券報告書から支払利息と有利子負債の情報を把握することが可能である。支払利息は損益計算書（P/L）、有利子負債は貸借対照表（B/S）から入手できる。

　日精エー・エス・ビー機械の場合、期首有利子負債は9,837百万円、期末有利子負債は14,934百万円である。2020年9月期の支払利息は、45百万円である。

　従って、負債コストは、次のようになる。

$$
負債コスト R_D = \cfrac{45\,百万円}{\cfrac{9,837\,百万円 + 14,934\,百万円}{2}}
$$

$$
= \frac{45\,百万円}{12,385.5\,百万円}
$$

$$
= 0.36\%
$$

4）株主資本コストの推定

　株主資本コストは、実務上は以下の式になる。

　●株主資本コストの実務上の計算式（CAPM＋企業固有のリスクプレミアム）

$R_E = r_f + (R_M - r_f)\,\beta + \alpha$

r_f：リスクフリーレート

R_M：株式市場全体の期待収益率

$(R_M - r_f)$：マーケットリスクプレミアム

β：個別銘柄のベータ値

α：企業固有のリスクプレミアム

　株主資本コストのうち、リスクフリーレートは、ここでは、日本銀行の金融経済統計月報、具体的には、「金融1」のPDFファイルの「市場金利等（3）」

の10年国債の金利の数値を用いる。20年国債の金利を使う場合もある。ここでは、2020年10月の10年国債の金利0.035%を用いる。

　マーケットリスクプレミアムは、実務上はイボットソン・アソシエイツが提供する過去のデータを用いて算出することが多い。ここでは、5.0%とする。

　β値は、ブルームバーグの端末から5年分の修正β値を用いる。ここでは、1.184とする。

　非上場企業の場合には、上場企業である類似会社のβ値を使って個別にβ値を推定するが、日精エー・エス・ビー機械は上場企業のため、ここでは省略する。

　企業固有のリスクプレミアムは、個別事情によって異なるものであるので、企業価値評価を実際に行う際に感応度分析をしながら考えていくと良い。ここでは1.0%とする。

　以上から、株主資本コストは次のようになる。

株主資本コスト$R_E = r_f + (R_M - r_f)\beta + \alpha$
$$= 0.035 + 5 \times 1.184 + 1.0$$
$$= 6.955\%$$

5）WACCの算出

　WACCの式は、以下の通りである。

●加重平均資本コスト（WACC）の計算式

$$WACC = R_E \times \frac{E}{(E+D)} + R_D \times (1-t) \times \frac{D}{(E+D)}$$

R_E：株主資本コスト

R_D：負債コスト

E：株主資本

D：有利子負債

t：実効税率

1）〜 4）で資本構成、負債コスト、株主資本コストを求めたら、WACCの数式に当てはめれば、加重平均資本コストが求められる。実効税率を35%とすると、

$$\text{WACC} = 6.955 \times \frac{85{,}452}{100{,}836} + 0.36 \times (1 - 0.35) \times \frac{14{,}934}{100{,}836}$$

$$= 5.894 + 0.035$$

$$= 5.955\%$$

となる。

第3節 取材の実施

　事前準備が終わったら、取材を行う。取材の基礎は、第5章で触れている
ため、ここでは流れを抑えるための記述のみとする。取材のタイミングとし
ては、将来キャッシュ・フローの予想まで作り上げてから補足情報を得るた
めに行うのが理想である。しかし、実際には評価企業への理解度によって、
事前準備の度合いも変わってくる。

　日精エー・エス・ビー機械の場合、競合や類似他社の推定のくだりでは、
結論を紹介したが、初めて取材する立場の場合には、外部情報のみで成形機
メーカーのみに絞る結論を短時間で導き出すことはなかなか難しいだろう。

　また、2020年11月末時点では、新型コロナウイルスの感染拡大の影響で
日本の製造業各社は業績が厳しくなっている会社が多い。しかし、日精エー・
エス・ビー機械の場合、世の製造業とは逆で好調である。

　ペットボトル成形機を製造しているが、世の中に多い2ステップ式（2つの
製造工程を2台で行う方式）ではなく、高付加価値品を得意とする1ステップ式（1
つの製造工程を1台で行う方式）であること、ペットボトル成形機のボリュームゾー
ンである飲料向けが少ないことなどは、決算説明会資料に載ってはいるも
のの、世界の景況感を踏まえると、違和感を覚えることだろう。この背景は、
ゼロ・クーリングシステムなる新技術を開発し、世の中に浸透している段階
であるためだが、取材しないと理解できない部分と思われるため、取材で疑
問を解消する必要がある。

第4節 将来キャッシュ・フローの予想

1）将来の予想期間の決定

　取材を終えたら、将来キャッシュ・フローの予想について考える。将来キャッシュ・フローの予想においては、以下を検討する。

　　（1）将来の予想期間の決定
　　（2）シナリオの策定
　　（3）シナリオの業績予想への反映
　　（4）予想財務諸表の作成
　　（5）ロジック等のチェック

　まず、将来の予想期間の決定である。予想期間をどれくらい取るかは個別事情によりまちまちである。3年間もあれば、5年間もあれば、10年間もある。設立間もない会社であったり、事業再生が目的であったりする場合には、予想期間を短く区切る場合がある。本書では、5年間とする。

2）シナリオの策定

　予想期間を決めたら、将来シナリオがどうなるかを決める。通常、評価企業の業界動向の先行きがどうなるかを考え、その後、評価企業の先行きがどうなるかに落とし込むのが基本的な流れである。

　従って、該当する業界の経済統計のデータがあると、参考情報として考えやすい。業界統計があるかどうかは業界によって異なるため、必ず入手できる訳ではない。業界統計が得られない場合には、複数の競合の売上高を足し上げて評価企業のトレンドと比較することもできる。

　日精エー・エス・ビー機械の場合、業界統計としては、日本産業機械工業

会のプラスチック加工機械の受注額や、経済産業省の生産動態統計の機械統計編のうち、ブロウ成形機の生産額が該当するが、日精エー・エス・ビー機械とはトレンドが異なるため、ここでは省略する。トレンドが異なる理由としては、プラスチック加工機械の主要機種は射出成形機であり、ペットボトル成形機ではないこと、日精エー・エス・ビー機械の主力工場はインドであるため、日本の業界統計の集計から抜け落ちていること、などが挙げられる。

アナリストの場合、考える将来シナリオは一つとなるが、コンサルタントの場合には、複数のシナリオを考える。楽観シナリオ、中庸シナリオ、悲観シナリオなどである。アナリストは自らの考えに基づいて将来予測及び投資判断を行ってオピニオンを発信するが、コンサルタントの場合には、依頼主の判断材料を提供する立ち位置であるため、複数の案を提示する必要がある、といった違いがある。

ここでは、アナリスト側の観点で1つのシナリオを考えるパターンで進める。

3）シナリオの業績予想への反映

将来シナリオを考えたら、シナリオを業績予想へ反映する。業績予想とは、理想は損益計算書 (P/L)、貸借対照表 (B/S)、キャッシュ・フロー計算書 (C/F) の全てを予想することである。しかし、DCF法に必要な部分のみを予想することで理論株価を算定することは可能である。DCF法で理論株価を算定するには、以下の数字が必要になる。

（1）営業利益予想値
（2）減価償却費予想値
（3）設備投資予想値
（4）運転資本の増減予想値
（5）加重平均資本コスト (WACC)
（6）有利子負債
（7）非事業価値 (非事業用資産)
（8）自社株控除後発行済株主総数
（9）直近の株価

このうち、加重平均資本コスト（WACC）は推定済み、有利子負債、自社株控除後発行済株主総数、直近の株価は確認済みである。減価償却費と設備投資の直近の期の予想値は、会社計画から入手する。会社計画がない場合には、東洋経済新報社の『会社四季報』に掲載されている数値が参考になる。

　日精エー・エス・ビー機械の場合、2020年9月期の決算説明会資料に、2021年9月期の会社計画値が載っている。減価償却費は17億円、設備投資は25億円である。2022年9月期以降の会社計画値は開示されていないため、自ら予想することになる。

　非事業価値とは、「事業の用に供していない資産のこと」である。例としては、余剰現金、投資有価証券や、遊休不動産などがある。ここでは、現預金の11ヶ月分と投資有価証券を合算することとする。現預金の11ヶ月分とするのは、1ヶ月分は事業として必要な資金である、との見方からである。日精エー・エス・ビー機械の場合、2020年9月期の投資有価証券は、164百万円、現預金は17,699百万円である。ここから非事業価値は、16,388百万円と求めることができる。

　企業価値の計算式は、第4章をおさらいすると、以下の通りになる。

●企業価値の計算式
企業価値 ＝ 事業価値 ＋ 非事業価値
　　　　 ＝ 株主価値 ＋ 有利子負債

　営業利益予想値、運転資本の増減予想値は、アナリストの場合には、自ら予想することになる。コンサルタントの場合、基本的には事業計画を入手し、事業計画を出発点として検討する。アナリスト、コンサルタントのいずれも検証の出発点は会社計画である。日精エー・エス・ビー機械の場合、決算短信の1ページ目に記載の2021年9月期の会社計画（売上高360億円、営業利益65億円、経常利益66億円、親会社株主に帰属する当期純利益47億円）が出発点となる。それ以外では、東洋経済新報社の会社四季報予想や、QUICK（クイック）、Bloomberg（ブルームバーグ）などの金融端末の市場コンセンサス予想（アナリスト予想の平均

値) が参考になる。運転資本の増減予想値は、損益計算書 (P/L)、貸借対照表 (B/S)、キャッシュ・フロー計算書 (C/F) の財務三表全てを予想する場合と、財務三表全てまでは予想せず、運転資本の増減予想値のみを予想するやり方とがある。

　運転資本の増減は、キャッシュ・フロー計算書 (C/F) の売上債権の増減、棚卸資産の増減、仕入債務の増減の合算値である。数式としては、以下の通りである。

● 運転資本の増減の内訳
－ 売上債権の増減 － 棚卸資産の増減 ＋ 仕入債務の増減

　売上債権の増減、棚卸資産の増減はマイナス、仕入債務の増減はプラスである。仕入債務の増減が増えればキャッシュ・フローはプラスになるが、売上債権の増減や棚卸資産の増減が増加した場合、キャッシュ・フローはマイナスになる。

　5年間の主要予想値を次の通りとする。NOPAT (Net Operating Profit After Tax) とは、税引後営業利益のことで、営業利益から法人税などの実効税率分を差し引いたものである。ここでは、実効税率を35%としている。21年9月期の営業利益予想値が6,500百万円であるとすると、NOPATは、4,225百万円となる。

図表　5年間の予想値

（単位：百万円）

決算期	21/9期予	22/9期予	23/9期予	24/9期予	25/9期予
営業利益	6,500	8,000	9,500	10,200	11,100
NOPAT（税引後営業利益）	4,225	5,200	6,175	6,630	7,215
減価償却費	1,700	1,900	2,100	2,300	2,400
設備投資	-2,500	-1,900	-2,100	-2,300	-2,400
運転資本の増減	-1,378	-1,000	-1,200	-300	-230
FCF（フリー・キャッシュ・フロー）	2,047	4,200	4,975	6,330	6,985

　フリー・キャッシュ・フローの計算式は、以下の通りである。NOPLATから減価償却費を加算し、設備投資と、運転資本の増減は減算する。

● FCFの計算式

FCF ＝ 営業利益 ×（1 － 実効税率）＋ 減価償却費 － 設備投資
　　　 － 運転資本の増減

　営業利益、減価償却費、設備投資、運転資本の増減共に、どんな予想値を入れるかは、評価を実施する者の前提条件である。このケースでは、徐々に業績が拡大する前提を置いた。事業計画などで数値があれば望ましいが、ない会社の方が多いため、自ら前提を置いて考えることとなる。

4）予想財務諸表の作成

　DCF法のコアとなる予想値を作成したら、更に、予想財務諸表を作成する。予想財務諸表がなくても、先程の予想値のみでDCF法での企業価値評価は可能である。しかし、予想財務諸表を作成した方が、ロジックの整合性のチェックをしやすくなる。財務諸表の中身は、損益計算書（P/L）、貸借対照表（B/S）、キャッシュ・フロー計算書（C/F）の3つである。

　複数のシナリオを想定して作成する場合は、それに合わせて予想財務諸表も複数作成する。ここでは、5年間の予想値に合わせて、3年後までの財務三表を作成したので、参考までに掲載したい。なお、親会社株主に帰属する当期純利益は、図表上の表記は当期純利益としている。

図表　予想損益計算書（P/L）

（単位：百万円）

決算期	19/9期	20/9期	伸び率	21/9期予	伸び率	22/9期予	伸び率	23/9期予	伸び率
売上高	26,129	27,254	4.3%	36,000	32.1%	40,000	11.1%	43,500	8.7%
売上原価	14,489	14,914	2.9%	19,100	28.1%	21,000	9.9%	22,500	7.1%
売上総利益	11,640	12,340	6.0%	16,900	37.0%	19,000	12.4%	21,000	10.5%
販管費	7,335	7,489	2.1%	10,400	38.9%	11,000	5.8%	11,500	4.5%
営業利益	4,304	4,850	12.7%	6,500	34.0%	8,000	23.1%	9,500	18.8%
経常利益	4,193	4,669	11.4%	6,600	41.4%	8,100	22.7%	9,600	18.5%
特別損益	126	335		0		0		0	
法人税等	1,155	758		1,880		2,370		2,760	
非支配株主損益	10	6		20		30		40	
当期純利益	3,154	4,239	34.4%	4,700	10.9%	5,700	21.3%	6,800	19.3%

【売上高対比】

売上原価	55.5%	54.7%		53.1%		52.5%		51.7%	
売上総利益	44.5%	45.3%		46.9%		47.5%		48.3%	
販管費	28.1%	27.5%		28.9%		27.5%		26.4%	
営業利益	16.5%	17.8%		18.1%		20.0%		21.8%	
経常利益	16.0%	17.1%		18.3%		20.3%		22.1%	
当期純利益	12.1%	15.6%		13.1%		14.3%		15.6%	

図表　予想貸借対照表（B/S）

（単位：百万円）

決算期	19/9期	20/9期	伸び率	21/9期予	伸び率	22/9期予	伸び率	23/9期予	伸び率
資産合計	45,852	57,899	26.3%	62,100	7.3%	67,000	7.9%	73,100	9.1%
流動資産	31,006	42,020	35.5%	45,190	7.5%	49,890	10.4%	55,690	11.6%
現金及び預金	8,563	17,699	106.7%	19,190	8.4%	22,390	16.7%	26,490	18.3%
売上債権	6,076	7,817	28.7%	8,500	8.7%	9,000	5.9%	9,500	5.6%
棚卸資産	15,022	13,822	-8.0%	14,700	6.4%	15,500	5.4%	16,500	6.5%
その他	1,345	2,682	99.4%	2,800	4.4%	3,000	7.1%	3,200	6.7%
固定資産	14,845	15,879	7.0%	16,910	6.5%	17,110	1.2%	17,410	1.8%
有形・無形固定資産	11,811	14,107	19.4%	14,910	5.7%	14,910	0.0%	14,910	0.0%
投資その他資産	3,033	1,771	-41.6%	2,000	12.9%	2,200	10.0%	2,500	13.6%
負債合計	17,022	26,515	55.8%	26,900	1.5%	26,970	0.3%	27,130	0.6%
流動負債	7,846	11,783	50.2%	11,700	-0.7%	11,470	-2.0%	11,130	-3.0%
仕入債務	2,286	3,117	36.4%	3,300	5.9%	3,600	9.1%	3,900	8.3%
有利子負債	1,902	1,898	-0.2%	1,800	-5.2%	1,700	-5.6%	1,600	-5.9%
その他	3,658	6,768	85.0%	6,600	-2.5%	6,170	-6.5%	5,630	-8.8%
固定負債	9,175	14,731	60.6%	15,200	3.2%	15,500	2.0%	16,000	3.2%
有利子負債	7,935	13,036	64.3%	13,000	-0.3%	12,500	-3.8%	12,000	-4.0%
その他	1,240	1,695	36.7%	2,200	29.8%	3,000	36.4%	4,000	33.3%
純資産	28,829	31,384	8.9%	35,200	12.2%	40,030	13.7%	45,970	14.8%

図表　予想キャッシュ・フロー計算書（C/F）

(単位：百万円)

決算期	19/9期	20/9期	21/9期予	22/9期予	23/9期予
当期純利益	3,154	4,239	4,700	5,700	6,800
減価償却費	1,361	1,371	1,700	1,900	2,100
運転資本増減	**-1,789**	**-180**	**-1,378**	**-1,000**	**-1,200**
売上債権の増減	**-500**	**-1,969**	**-683**	**-500**	**-500**
棚卸資産の増減	**-792**	855	**-878**	**-800**	**-1,000**
仕入債務の増減	**-497**	934	183	300	300
その他	**-677**	3,260	0	0	0
営業活動によるキャッシュ・フロー	2,049	8,690	5,022	6,600	7,700
固定資産の取得または売却	**-1,806**	**-2,114**	**-2,500**	**-1,900**	**-2,100**
その他	847	219	0	0	0
投資活動によるキャッシュ・フロー	**-959**	**-1,895**	**-2,500**	**-1,900**	**-2,100**
有利子負債の増減	345	5,029	**-134**	**-600**	**-600**
配当金の支払金額	**-899**	**-897**	**-900**	**-900**	**-900**
自己株式の取得による支出	**-97**	0	0	0	0
その他	**-1**	**-1**	0	0	0
財務活動によるキャッシュ・フロー	**-652**	4,131	**-1,034**	**-1,500**	**-1,500**
その他の影響額	**-233**	**-163**	0	0	0
現金及び現金同等物の増減額	205	10,763	1,488	3,200	4,100
現金及び現金同等物の期末残高	8,435	19,199	20,687	23,888	27,988

5）ロジック等のチェック

　予想値を作成したら、そのロジックに問題がないかをチェックする。例え
ば、業績が改善するシナリオで作成しているものであるのに、ある年は売上
原価率が悪化するような内容であれば、シナリオとの整合性が取れていない。
整合性が取れていない場合には、予想値を修正する。ただし、これといった
正解が存在している訳ではない。正解がないだけに、評価実施者の腕の見せ
所である。また、実務上はロジック等のチェックだけを行っている訳ではな
く、算定した理論株価を見ながら、全体的に整合性に問題ないかを見ている
ことになる。

1年目から5年目の将来キャッシュ・フローの予想を行った後に、企業価値の算定を実施する。流れとしては、次の通りである。

1) 継続価値の算定
2) 事業価値の算定
3) 企業価値の算定

図表　将来キャッシュ・フロー、継続価値、事業価値の関係性のイメージ

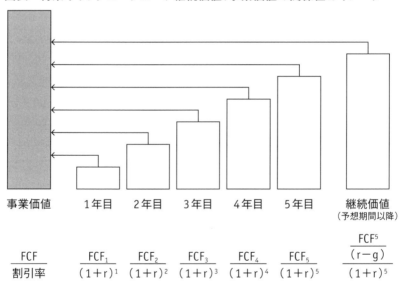

継続価値は、5年目のキャッシュ・フローから、

WACC（加重平均資本コスト）－ g（永久成長率）

で割ることによって求める。日精エー・エス・ビー機械のケースで先程、WACCは5.955%と計算した。成長率を0%として計算すると、

継続価値 ＝ 6,885百万円 ÷ 5.955%
　　　　 ＝ 115,614百万円

となる。事業価値は、1年目〜5年目のフリー・キャッシュ・フロー（FCF）の現在価値の合計と、継続価値の現在価値を合算することで求められる。日精エー・エス・ビー機械のケースで計算すると、次のようになる。

図表　5年間のFCF及び継続価値の現在価値

（単位：百万円）

	21/9期予	22/9期予	23/9期予	24/9期予	25/9期予	継続価値
FCF	2,047	4,200	4,975	6,330	6,985	117,293
割引率	1.060	1.123	1.190	1.260	1.335	1.335
現在価値	1,932	3,741	4,182	5,022	5,231	87,834

ここから、1年目である21年9月期の割引率は、

1 ＋ r ＝ 1 ＋ 0.05955
　　　 ＝ 1.05955
　　　 ≒ 1.060

となる。2年目は $(1 + r)^2 = 1.123$、3年目は $(1 + r)^3 = 1.190$、4年目は $(1 + r)^4 = 1.260$、5年目は $(1 + r)^5 = 1.335$、継続価値は最終年度の割引率を使うため、$(1 + r)^5 = 1.335$ となる。

フリー・キャッシュ・フローからそれぞれの割引率で割ることで現在価値を求める。1年目は1,932百万円、2年目は3,741百万円、3年目は4,182百万円、4年目は5,022百万円、5年目は5,231百万円、継続価値の現在価値は87,834百万円となる。

1年目～5年目と継続価値の現在価値合計が事業価値であるため、これを求めると、

事業価値 ＝ 1,932百万円 ＋ 3,741百万円 ＋ 4,182百万円 ＋ 5,022百万円
　　　　　　＋ 5,231百万円 ＋ 87,834百万円
　　　　　＝ 107,943百万円

となる。

事業価値から余剰現金、余剰有価証券や遊休資産などの非事業価値を加えて企業価値を求める。非事業価値は、16,388百万円、有利子負債は14,934百万円と求めている。企業価値から有利子負債を減額することで、株主価値が求められる。株主価値で求めるように式で組み替えると、

企業価値 ＝ 事業価値 ＋ 非事業価値 ＝ 株主価値 ＋ 有利子負債
株主価値 ＝ 事業価値 ＋ 非事業価値 － 有利子負債

となることから、株主価値は、

株主価値 ＝ 107,943百万円 ＋ 16,388百万円 － 14,934百万円
　　　　　＝ 109,397百万円

となる。この株主価値から自社株控除後発行済株式総数で割ると、理論株価が求められる。

株主価値 ＝ 自社株控除後発行済株式総数 × 理論株価

自社株控除後発行済株式総数は14,991,672株、直近の株価（11月30日終値）は5,700円と求めていたことから、株主価値を自社株控除後発行済株式総数で割ると、

理論株価 ＝ 109,397百万円 ÷ 14,991,672株

　　　　　＝ 7,300円

　となる。直近の株価は5,700円であるので、現在の株価水準は割安、ということになる。

　このように、1つのシナリオで予想するだけでもかなり時間と作業工程を要することになる。シナリオを3つ作成する場合には、この作業を3つ行うことになる。

第11章

マルチプル法の
ケース

評価対象企業の事業内容の確認

1）事業内容を確認する

　第10章ではDCF法のケースについて取り上げた。第11章では、マルチプル法（Multiples Approach、倍率法、株価倍率法）のケースを取り上げる。マルチプル法の算定手順は、次の通りである。

　（1）評価対象企業の事業内容の確認（第1節）
　（2）類似会社の選定（第2節）
　（3）採用する株価倍率の特定（第3節）
　（4）対象企業の株主資本価値の算定（第4節）

　この章では、非上場企業を取り上げたい。しかし、非上場企業は残念ながら財務情報を公開していない会社が大半である。そこで、財務情報を公開している非上場企業で進めていきたい。ここでは、農業機械メーカーのヤンマーホールディングス（大阪府大阪市）をケースとして取り上げる。ヤンマーホールディングスは、3月決算だが、年に1度、決算短信を開示している。なお、ヤンマーホールディングスの他には、大手総合建設会社の竹中工務店（大阪府大阪市）が年に1度、有価証券報告書を開示している他、旅行会社のJTB（東京都品川区）が年に1度、決算短信を開示するなどしている。陸運会社のSGホールディングス（証券コード9143）（京都府京都市）は、上場前は年に2度、決算短信を開示していたが、2017年12月に上場した。

　非上場企業は決算の開示が必須ではないため、実務上は評価対象企業から財務諸表を入手する必要があるが、ここでは公開情報ベースで進めていきたい。

　まず、評価対象企業の事業内容を確認する。評価対象企業はどんな事業を

扱っているのか、収益の源泉はどの事業になっているのかなどを確認する。事業構造をざっくりと掴むことで、類似会社の選定のヒントを得る。

　事業内容を把握する取っかかりとしては、評価対象企業のコーポレートサイトや、日本経済新聞や、日刊工業新聞などの業界新聞といった新聞記事情報である。

　● 事業内容を調べる上で最初に確認すべきもの
　① 評価対象企業のコーポレートサイト
　② 日本経済新聞、業界新聞などの新聞記事情報

　非上場企業の場合には、東洋経済新報社より『会社四季報未上場企業版』があり、調べることは可能である。しかし、現状では1万3千社程度であり、評価対象企業が載っていない可能性が生じる。お金をかけられる場合には、帝国データバンクや東京商工リサーチなどの信用調査会社の信用調査報告書を入手すれば、直近の財務状況などを把握することが可能である。また、日本経済新聞社の日経テレコンでは、信用調査会社と提携しているため、日経テレコン内で情報を入手することが可能である。

　ヤンマーホールディングスは、年に1度、決算短信を開示しており、事業別セグメント情報を開示している。決算短信によれば、次の2つの事業セグメントである。

図表　ヤンマーホールディングスの事業セグメント

産業用機械	農業機械、建設機械、ガスヒートポンプ並びに常用・非常用発電機等の製造販売
内燃機関及び関連機器	産業用エンジン並びにこれらの関連機器の製造販売

　産業用機械は、農業機械、建設機械、ガスヒートポンプ、常用・非常用発電機などの製造販売を行っている。内燃機関及び関連機器は、産業用エンジンや関連機器の製造販売を行っている。2つの事業セグメントの売上高と営業

利益の構成比を見ると、次のようになっている。売上高構成比を見ると、産業用機械が59%で、主力事業となっているが、営業利益の構成比をみると、産業用機械は6%しかなく、内燃機関及び関連機器が利益の源泉になっていることが分かる。

図表　ヤンマーホールディングスの売上高構成比（2020年3月期）

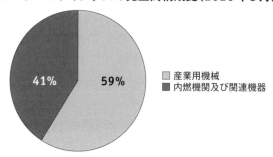

図表　ヤンマーホールディングスの営業利益構成比（2020年3月期）

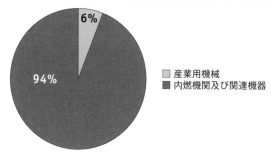

図表　ヤンマーホールディングスの売上高構成比推移

売上高	16/3期	17/3期	18/3期	19/3期	20/3期
産業用機械	59.4%	59.5%	60.2%	57.8%	59.4%
内燃機関及び関連機器	40.6%	40.5%	39.8%	42.2%	40.6%

図表　ヤンマーホールディングスの営業利益構成比推移

営業利益	16/3期	17/3期	18/3期	19/3期	20/3期
産業用機械	28.5%	2.5%	36.9%	22.0%	6.0%
内燃機関及び関連機器	71.5%	97.5%	63.1%	78.0%	94.0%

　直近5年間の売上高、営業利益の構成比の推移を見ると、売上高の構成比は大きくは変わらないが、営業利益の構成比は年によってブレが生じている。しかし、内燃機関及び関連機器が利益の源泉であることには変わりはない。売上高、営業利益の推移を見ると、2020年3月期では営業利益が改善した中身は、内燃機関及び関連機器の貢献であることが分かる。

図表　ヤンマーホールディングスの売上高・営業利益推移

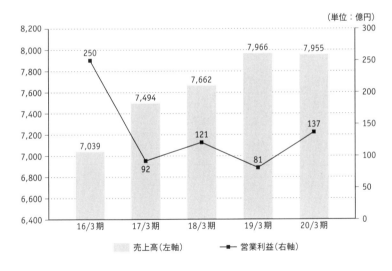

図表　ヤンマーホールディングスの事業別売上高・営業利益推移

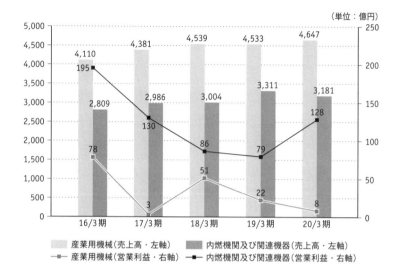

(単位：億円)

凡例：
産業用機械(売上高・左軸)　内燃機関及び関連機器(売上高・左軸)
産業用機械(営業利益・右軸)　内燃機関及び関連機器(営業利益・右軸)

第2節 類似会社の選定

　次に、類似会社の選定を行う。類似会社の選定では、業種や業界だけではなく、規模や事業構成、地域などを総合的に検討し、その類似性を判断する。この類似会社の選定はかなり重要な作業で、評価結果の妥当性に大きく影響する。事業内容を把握した段階で類似会社がどこかを正確に把握できていることが望ましいが、現実的には難しい。従って、取材を通じて競合や類似会社を確認することが必要になる。類似会社の選定後は、これらの会社の財務データを入手する。

　ヤンマーホールディングスの場合、農業機械と建設機械、産業用エンジンが主な製品である。建設機械は、ミニショベルという、都市部で使われる小型建設機械が主力製品である。農業機械の主な競合は、クボタ（証券コード6326）、井関農機（同6310）である。ミニショベルでは、クボタ、竹内製作所（同6432）、コマツ（同6301）、日立建機（同6305）である。産業用エンジンでは、クボタ、三菱重工業（同7011）、いすゞ自動車（同7202）である。

　類似会社の選定方法としては、主要な利益の源泉となっている事業の主な競合を選ぶことが望ましい。従って、ヤンマーホールディングスの場合、産業用エンジンの主な競合であるクボタ、三菱重工業、いすゞ自動車、ということになる。しかし、主な競合もまた、主力事業であるかどうかが必要である。3社とも産業用エンジンが主力事業という訳ではないため、産業用エンジンの切り口で類似会社を選んでしまうと、ミスリードする可能性がある。そのため、ここでは、農業機械とミニショベルの2つの製品から類似会社を選ぶこととする。2つの製品から競合を見ていくと、クボタ、井関農機、竹内製作所、コマツ、日立建機の5社になる。特にクボタは、農業機械、ミニショベル、産業用エンジンの3製品とも競合しており、事業構造が最も近い。コマツと日立建機は、総合建設機械メーカーのため、ミニショベルのみを扱

っている訳ではないが、三菱重工業やいすゞ自動車よりは事業構造が近いため、ここでは、クボタ、井関農機、竹内製作所、コマツ、日立建機の5社を類似会社とする。

第3節 採用する株価倍率の特定

1）実績値と予想値の収集

　類似会社を選定したら、採用する株価倍率の特定を行う。株価倍率として扱う指標は、PER、PBR、PSR、EV/EBIT倍率、EV/EBITDA倍率などである。類似会社各社のコーポレートサイトに掲載された決算短信から財務データを入手し、株価はYahoo! ファイナンスからデータを入手することで、各株価倍率の計算を行う。

　これら5つの指標を算定するには、類似会社の次のデータが必要である。

- （1）株価（1ヶ月平均）
- （2）発行済株式総数
- （3）自己株式数
- （4）有利子負債実績値
- （5）現預金
- （6）自己資本実績値
- （7）売上高予想値
- （8）営業利益予想値
- （9）減価償却費予想値
- （10）親会社株主に帰属する当期純利益の予想値

　自己資本実績値、売上高予想値、営業利益予想値、減価償却費予想値、当期純利益予想値を抽出する。自己資本実績値は、決算短信から得られる。予想値は、直近の決算短信に記載されている会社計画値か、東洋経済新報社の『会社四季報』の予想値を用いるのが通常である。自らこれらの類似会社の予想をしているアナリストの立場の場合には、自らの予想値を用いるが、こ

のケースは実務上少ない。

　営業利益予想値は、EBITになる。EBITDAはEBITに減価償却費を加えたものであり、減価償却費の予想値が特定できれば、EBITDAの予想値も確定する。

　売上高予想値、営業利益予想値、親会社株主に帰属する当期純利益の予想値は、会社計画値が決算短信に大抵は載っているため、直近の決算短信から得られることが多い。しかし、減価償却費予想値は、決算短信をチェックしても大抵、載っていない。コーポレートサイトに掲載されている決算説明資料に明記されている場合が多いものの、載せていない上場企業もある。この場合には、東洋経済新報社の『会社四季報』に記載されている減価償却費の予想値が参考になる。ただし、『会社四季報』にも載っていない場合があるため、その場合には、前期の実績値を使わざるを得ない場合もある。取材で会社計画値の情報が得られる場合には、その情報で補足することが可能である。

2）VWAP、企業価値 (EV) を計算する

　株価は、VWAP（出来高加重平均取引、Volume Weighted Average Price）を用いる。これは、出来高を考慮したものである。

　最初に、各社の企業価値 (EV) を求める。求め方は、以下の数式の通りである。有利子負債は実績値である。発行済株式総数は、自己株式数を控除したものを活用する。

　●企業価値 (EV) の求め方
　自社株控除後発行済株式総数 ＝ 発行済株式総数 － 自己株式数
　株価 × 自社株控除後発行済株式総数 ＝（株式）時価総額
　（株式）時価総額 ＋ 有利子負債 ＝ 企業価値 (EV)
　EBIT ＝ 営業利益予想値
　EBITDA ＝ 営業利益予想値 ＋ 減価償却費予想値
　※ここでは簡便化のため、現預金や非支配株主持分を考慮していない

　株価は、以下の形で1ヶ月平均値を求める。

(1)「出来高×株価」の1ヶ月間の平均値を求める

(2) 出来高の1ヶ月間の平均値を求める

(3)「出来高×株価」の1ヶ月間の平均値を出来高の1ヶ月間の平均値で
割る

　ここでは、2020年11月の1ヶ月間の株価の平均値を5社分求める。それぞ
れをまとめたのが、図表の通りとなる。竹内製作所は無借金経営のため、有
利子負債はゼロである。

図表　類似会社5社の企業価値算定

（単位：百万円）	クボタ	井関農機	竹内製作所	コマツ	日立建機
株価（円）（1ヶ月平均）	2,075	1,426	2,442	2,516	2,798
発行済株式総数（百万株）（自社株控除後）	1,208	23	48	945	213
株式時価総額（A）	2,506,462	32,237	116,450	2,377,701	595,002
有利子負債（B）	951,968	122,786	0	966,055	396,069
企業価値（EV）（A＋B）	3,458,430	155,023	116,450	3,343,756	991,071

3）株価倍率を計算する

　類似会社の企業価値を求めたら、株価倍率を計算する。ここでは、類似会
社5社のPBR、PER、PSR、PCFR、EV/EBIT倍率、EV/EBITDA倍率を求める。

図表　類似会社5社の株価倍率算定

No.		クボタ	井関農機	竹内製作所	コマツ	日立建機
1	株式時価総額(A)	2,506,462	32,237	116,450	2,377,701	595,002
2	企業価値(EV)(B)	3,458,430	155,023	116,450	3,343,756	991,071
3	自己資本(C)	1,434,847	92,133	85,552	1,777,598	478,499
4	減価償却費(D)	54,000	6,800	1,709	131,500	49,600
5	売上高(E)	1,830,000	144,500	101,900	2,119,000	770,000
6	EBIT(F)	170,000	1,100	11,100	134,000	40,000
7	EBITDA(D+F=G)	224,000	7,900	12,809	265,500	89,600
8	親会社株主に帰属する当期純利益(H)	125,000	200	8,000	80,000	20,000
9	PBR(A/C)	1.75	0.35	1.36	1.34	1.24
10	PER(A/H)	20.05	161.19	14.56	29.72	29.75
11	PSR(A/E)	1.37	0.22	1.14	1.12	0.77
12	PCFR(A/[D+H])	14.00	4.61	11.99	11.24	8.55
13	EV/EBIT倍率(B/F)	20.34	140.93	10.49	24.95	24.78
14	EV/EBITDA倍率(B/G)	15.44	19.62	9.09	12.59	11.06

注1) 1～8の単位は百万円、9～14の単位は倍。
注2) D～Hは予想値。Cは実績値、D、Gの一部の減価償却費は実績値で代用。

（1）PBRを計算する

　まず、PBR（株価純資産倍率、Price Book-value Ratio）を求める。分子は1ヶ月平均の株価、分母はBPSだが、株式時価総額を分子、自己資本を分母にする場合も同じである。クボタの場合、株式時価総額2,506,462百万円を自己資本1,434,847百万円で割れば、PBRは1.75倍となる。なお、自己資本は予想値を作れる場合には、予想値を使う場合もある。

●自社株控除後発行済株式総数 ＝ 発行済株式総数 － 自己株式数

$$BPS（円）= \frac{自己資本の実績値}{自社株控除後発行済株式総数}$$

$$PBR（倍）= \frac{1ヶ月平均の株価}{BPS}$$

$$= \frac{株式時価総額}{自己資本の実績値}$$

（2）PERを計算する

　次に、PER（株価収益率、Price Earnings Ratio）を求める。分子は1ヶ月平均の株価、分母はEPSだが、株式時価総額を分子、親会社株主に帰属する当期純利益の予想値を分母にする場合も同じである。井関農機の場合、株式時価総額32,237百万円を親会社株主に帰属する当期純利益の予想値200百万円で割れば、PERは161.19倍となる。

●自社株控除後発行済株式総数 ＝ 発行済株式総数 － 自己株式数

$$\text{EPS（円）} = \frac{\text{親会社株主に帰属する当期純利益の予想値}}{\text{自社株控除後発行済株式総数}}$$

$$\text{PER（倍）} = \frac{\text{1ヶ月平均の株価}}{\text{EPS}}$$

$$= \frac{\text{株式時価総額}}{\text{親会社株主に帰属する当期純利益の予想値}}$$

（3）PSRを計算する

　次に、PSR（株価売上高倍率、Price to Sales Ratio）を求める。分子は1ヶ月平均の株価、分母はSPSだが、株式時価総額を分子、売上高の予想値を分母にする場合も同じである。竹内製作所の場合、株式時価総額116,450百万円を売上高の予想値101,900百万円で割れば、PSRは1.14倍となる。

●自社株控除後発行済株式総数 ＝ 発行済株式総数 － 自己株式数

$$\text{SPS（円）} = \frac{\text{売上高予想値}}{\text{自社株控除後発行済株式総数}}$$

$$\text{PSR（倍）} = \frac{\text{1ヶ月平均の株価}}{\text{SPS}}$$

$$= \frac{\text{株式時価総額}}{\text{売上高予想値}}$$

（4）PCFRを計算する

　次に、PCFR（株価キャッシュ・フロー倍率、Price Cash Flow Ratio）を求める。分子は1ヶ月平均の株価、分母はCFPSだが、株式時価総額を分子、営業キャッシュ・フローの予想値を分母にする場合も同じである。ここでは営業キャッシュ・フローの予想値は、簡便法で親会社株主に帰属する当期純利益の予想値＋減価償却費の予想値とする。日立建機の場合、株式時価総額595,002百万円を、親会社株主に帰属する当期純利益の予想値20,000百万円と減価償却費の予想値49,600百万円の合算値で割れば、8.55倍となる。

●自社株控除後発行済株式総数 ＝ 発行済株式総数 － 自己株式数

$$CFPS（円）＝ \frac{親会社株主に帰属する当期純利益の予想値 ＋ 減価償却費の予想値}{自社株控除後発行済株式総数}$$

$$PCFR（倍）＝ \frac{1ヶ月平均の株価}{CFPS}$$

$$\frac{株式時価総額}{親会社株主に帰属する当期純利益の予想値 ＋ 減価償却費の予想値}$$

（5）EV/EBIT倍率を計算する

　次に、EV/EBIT倍率を求める。分子はEV、分母はEBITである。クボタの場合、EV3,458,430百万円を営業利益予想値170,000百万円で割れば、20.34倍となる。

企業価値（EV）＝（株式）時価総額＋有利子負債（簡便法）

　　　　　　　＝（株式）時価総額＋純有利子負債（有利子負債－現預金）

　　　　　　　　　＋ 非支配株主持分

株価×自社株控除後発行済株式総数 ＝（株式）時価総額

自社株控除後発行済株式総数 ＝ 発行済株式総数 － 自己株式数

EBIT＝ 営業利益予想値

※ここでは簡便化のため、EVは現預金や非支配株主持分を考慮していない

$$EV/EBIT \text{倍率（倍）} = \frac{EV}{EBIT}$$

（6）EV/EBITDA倍率を計算する

次に、EV/EBITDA倍率を求める。分子はEV、分母はEBITDAである。井関農機の場合、EV155,023百万円をEBITDA7,900百万円で割れば、19.62倍となる。

企業価値（EV）＝（株式）時価総額＋有利子負債（簡便法）

　　　　　　　＝（株式）時価総額＋純有利子負債（有利子負債－現預金）
　　　　　　　　＋非支配株主持分

株価×自社株控除後発行済株式総数＝（株式）時価総額

自社株控除後発行済株式総数＝発行済株式総数－自己株式数

EBITDA＝営業利益予想値＋減価償却費予想値

※ここでは簡便化のため、EVは現預金や非支配株主持分を考慮していない

$$EV/EBITDA \text{倍率（倍）} = \frac{EV}{EBITDA}$$

株価倍率を求めたら、類似会社5社の平均値と中央値を求める。極端に高い倍率があったり、マイナス値が入り込んだりした場合には、対象外とすべきかを検討する。ここでは平均値を採用する。

図表　類似会社5社の株価倍率の平均値、中央値（単位：倍）

	クボタ	井関農機	竹内製作所	コマツ	日立建機	平均値	中央値
PBR	1.75	0.35	1.36	1.34	1.24	1.21	1.34
PER	20.05	161.19	14.56	29.72	29.75	51.05	29.72
PSR	1.37	0.22	1.14	1.12	0.77	0.93	1.12
PCFR	14.00	4.61	11.99	11.24	8.55	10.08	11.24
EV/EBIT倍率	20.34	140.93	10.49	24.95	24.78	44.30	24.78
EV/EBITDA倍率	15.44	19.62	9.09	12.59	11.06	13.56	12.59

第4節 対象企業の株主資本価値の算定

　採用する株価倍率を決めた後は、対象企業の株主資本価値の算定を行い、理論株価を計算する。

　具体的には、類似会社5社の株価倍率の平均値と、評価対象企業であるヤンマーホールディングスの財務データを乗じて、株主資本価値を算定する。EBIT、EBITDAは、有利子負債を差し引いて株主資本価値を求める。株主資本価値から、ヤンマーホールディングスの自社株控除後発行済株式総数2,063万200株（自己株式数は0株）を決算短信から求めると、理論価値が算定できる。

図表　株主資本価値及び理論株価の算定（単位：百万円）

	今期予想値 (A)	株価倍率 (B)	企業価値 (C) (A)×(B)	有利子負債 (D)	株主資本価値 (E) (C)－(D)	理論株価 (F)
自己資本	182,805	1.21	220,791		220,791	10,702
当期純利益	607	51.05	30,989		30,989	1,502
売上高	741,400	0.93	686,588		686,588	33,281
営業キャッシュ・フロー	30,144	10.08	303,809		303,809	14,726
EBIT	9,694	44.30	429,435	316,841	112,594	5,458
EBITDA	39,231	13.56	532,044	316,841	215,203	10,431

注）株価倍率の単位は倍、理論株価の単位は円。

　なお、2021年3月期のヤンマーホールディングスの会社計画値は、新型コロナウイルスの感染拡大影響により非開示であるため、ここではより事業内容が近い3社（クボタ、井関農機、竹内製作所）の直近の会社計画の前期比の伸び率の平均値を予想値に用いた。減価償却費は実績値とした。本来ならば、ヤンマーホールディングスへの取材により、確実性の高い予想がなされることが

望ましい。

　算定した理論株価を見ると、1,502円から33,281円と、かなりばらつきが生じていることが分かる。マルチプル法の場合には、理論株価は1つではなく、レンジが生じるため、異常値がないかを見ながら妥当性を判断していくことになる。

第12章

企業価値とコーポレートガバナンス

第1節　2015年にコーポレート ガバナンス・コードの制定

　第12章では、企業価値とコーポレートガバナンスについて取り上げる。第9章「企業価値評価のためのIR」を除き、これまで評価実施者側に必要な基礎知識について、述べてきた。しかし、昨今の情勢では、評価対象企業である事業会社もまた、企業価値評価を理解する必要が出てきている。

　これはIR部門のみに限った話ではなく、経営陣による理解も必要になってきている。理由としては、自社の資本コストの把握が求められるようになりつつあるためである。そのきっかけになったのが、コーポレートガバナンス・コードの制定である。

　コーポレートガバナンス・コードとは、上場企業が守るべき企業統治の行動規範のことである。企業家精神に富んだ経営を行い、利益を長期的成長につなげたり、従業員や株主へ還元したりするよう促すため、取締役会のあり方、役員報酬の決め方などを定めた指針である。

　1992年にイギリスで初めて設けられ、ドイツ、フランスなどのヨーロッパ諸国のほかシンガポール、香港などでも策定されている。日本では東京証券取引所と金融庁が日本版コーポレートガバナンス・コードを制定し、2015年6月から上場企業に適用している。日本版コーポレートガバナンス・コードは、5つの基本原則からなっている。

●コーポレートガバナンス・コードの5つの基本原則

1) 株主の権利・平等性の確保

2) 株主以外のステークホルダーとの適切な協働

3) 適切な情報開示と透明性の確保

4) 取締役会等の責務

5) 株主との対話

　ここでは、独立社外取締役は会社の持続的な成長と中長期的な企業価値の向上に寄与するように役割・責務を果たすべきであり、上場会社はそのような資質を十分に備えた独立社外取締役を少なくとも2名以上選任すべきである、としている。また、少なくとも3分の1以上の独立社外取締役を選任することが必要と考える上場会社は、その取組み方針を開示すべき、としている。

第2節 2018年にコーポレートガバナンス・コードを改訂

　コーポレートガバナンス・コードは、2018年6月に改訂された。政策保有株式の縮減に関する方針・考え方など政策保有に関する方針の開示、経営トップの選任・解任手続きの透明性、女性の活躍促進を含む社内の多様性の確保、などを求めている。

　企業価値評価の観点で重要なのは、原則5-2の経営戦略や経営計画の策定・公表である。ここでは、「経営戦略や経営計画の策定・公表に当たっては、自社の資本コストを的確に把握した上で、収益計画や資本政策の基本的な方針を示すとともに、収益力・資本効率等に関する目標を提示し、その実現のために、事業ポートフォリオの見直しや、設備投資・研究開発投資・人材投資等を含む経営資源の配分等に関し具体的に何を実行するのかについて、株主に分かりやすい言葉・論理で明確に説明を行うべきである」、としている。

　つまり、自社の資本コストを的確に把握することを要請しているのである。例えば、共立印刷が発行している2020年3月期のコーポレートガバナンス報告書では、

　「当社の2020年3月期の資本コストは、加重平均資本コスト（WACC）で算出すると1.5%であります。中長期目標の指標であるROEは、2.4%となりました。今後も、利益の向上に努め資本コストを上回る高い付加価値を生み出し、企業価値の向上をめざします。」

　と記載されており、自社の加重平均資本コスト（WACC）を推計して開示している。自社の資本コストの的確な把握は要請事項とはなってはいるものの、全ての上場企業が対応できている訳ではない。

第3節 2021年の再改訂で資本コスト把握が義務化される可能性

　コーポレートガバナンス・コードは更に、2021年にも再改訂を予定している。2020年7月17日に閣議決定された「成長戦略フォローアップ」では、コーポレートガバナンス・コードについて、①事業ポートフォリオ戦略の実施など資本コストを踏まえた経営の更なる推進（スピンオフを含む事業再編を促進するための実務指針との連携も検討する）、②上場子会社の取扱いの適正化を含むグループ・ガバナンスの強化、③監査の信頼性の確保、④中長期的な持続可能性（サステナビリティ）についての考慮、⑤社外取締役の質の向上、などの論点の検討が挙げられ、2021年中にコーポレートガバナンス・コードの改訂を行う、とした。

　ここから読み取れることとして、2021年のコーポレートガバナンス・コードの改訂では、自社の資本コストの把握が義務化される可能性がある、ということである。資本コストを踏まえた経営の更なる推進が文言として盛り込まれることから、自社の資本コストを把握することが必須化する可能性があるのである。

　従って、これまでアナリストやコンサルタントばかりが行っている企業価値評価が、にわかに事業会社においても必要になり、急に本書を手にしなければならない状況になってしまう可能性がある。

第4節 企業価値評価の分かる人材育成や獲得が必要に

　2021年の改訂コーポレートガバナンス・コードは、事務的には、コーポレートガバナンス報告書に資本コストの算定値を盛り込む、盛り込まないのレベルのように見える。しかし、制度趣旨としては、企業価値向上のための経営として、自社で企業価値評価を行った上で外部のステークホルダーと対話していくことが究極的には求められている。

　このような制度変更による要請がきっかけになってはいるものの、企業価値評価が分かる人材を事業会社内で育成したり、外部から獲得したりする必要性が今後、増してくることが予想される。内部人材では難しい場合には、社外取締役の拡充も制度上、要請されていることから、アナリスト経験者や財務コンサルタント経験者を社外取締役として採用する動きも今後は増えてくるだろう。

　本書で学んだ読者もお分かりの通り、資本コストは、あくまで企業価値評価を行うための一部のプロセスに過ぎない。資本コストを算定したら終わり、という話ではないのである。何故なら、アナリストや機関投資家は取材活動を通じて企業価値評価を行い、投資判断を行っている。現状は事業会社側で理解している会社は少ないと見られるが、今後は企業価値評価のプロセスを理解した上での対話が事業会社には求められることになるだろう。そのためには、事業会社としては、日頃から接しているアナリストや機関投資家と対話し、情報を得ることも必要になるだろう。

あとがき
——企業価値評価は事業会社の必須知識に

1）企業価値評価は事業会社の一般的なスキルに変わる必要がある

　本書は、筆者の5作目のビジネス本である。企業価値評価は、そのプロセスの長さと数式の難解さから、身に付けるまでには気の遠くなるほどの知識獲得が必要である。担い手は、アナリストや機関投資家、財務コンサルタントであるが、コーポレートガバナンス・コードの要請から、徐々に事業会社各社でも把握しておかなければならないものになってきている。

　事業会社の地に足の付いた一般的なスキルへと、変貌を遂げる必要性が生じているのである。

2）企業価値評価は筆者が最も取り組んできた分野

　筆者は、早稲田大学のファイナンス系ビジネススクールに進学し、企業価値評価を身に付けることを第一に取り組んできた。授業外でも、専門家の講演を聞きに行ったりもした。ちょうどNHKで経済ドラマ「ハゲタカ」が放送されていた時期で、サンデートイズという会社の入札で算定額をはじき出すシーンを見て、面白かったのを覚えている。しかし、実務上はドラマにあったような1つしか答えがないものではなく、評価を実施する者のシナリオ前提によって、算定額は変わってくるものである。ビジネススクール在学中は、とても難しい分野だと思っていた。月日が経ち、自らが企業価値評価の本を執筆することになることを考えると、全くの無知だった昔を思い出して、とても感慨深いものがあった。

3）実務を経験するとルーティン作業である

　企業価値評価は、実務で経験してしまうと実はルーティン作業であり、特別なものではない。理解して覚えるまでは大変だが、扱えるようになれば、ルーティン作業である。しかし、担い手が一部の専門家に限られた分野であることから、理解が進んでいない分野であると感じている。

4）社外取締役やIR担当、経営企画担当に必要な知識になる

　事業会社にとって今後、一般的なスキルになるかどうかは未知数であるが、各上場企業はコーポレートガバナンス・コードの要請から社外取締役の拡充が必要となっている。従って、まずは社外取締役にはチェックするスキルとして、理解が必要なものになるだろう。また、アナリストや機関投資家と日々、対話するIR担当者にとっても必要である。扱える必要はないものの、対話できるだけの知識は必要だろう。また、事業計画を策定する経営企画担当にとっても、自ら策定する事業計画がどのような評価になるのか、自らチェックする意味で理解しておいた方が良いだろう。

　本書が、企業価値評価の基礎知識を身に付けたいと願っている人にとって、いささかなりともお役に立つ本になれば、と願う次第である。本書の出版に関してご協力、ご尽力を頂いた、日本能率協会マネジメントセンター出版部の新関氏、岡田氏に深く謝意を表する次第である。

著者

高辻 成彦（たかつじ・なるひこ）

青山学院大学大学院法学研究科ビジネス法務専攻の非常勤講師（担当科目はファイナンス概論）。Yahoo! ニュースの公式コメンテーターも務める。フィスコのシニアエコノミスト兼シニアアナリスト。立命館大学政策科学部卒業、早稲田大学ファイナンス MBA。

経済産業省在職時は、産業連関表の時系列表作成に参画。ナブテスコの広報・IR 担当では、日本 IR 協議会による IR 優良企業特別賞の所属会社初受賞に貢献。ユーザベースのシニアアナリストでは、SPEEDA の業界レポートを作成し、経済ニュースアプリ・NewsPicks のコメント活動では 8 万人以上のフォロワーを得る。いちよし経済研究所（いちよし証券の調査部門）のシニアアナリストでは、取材活動をもとに年間 300 本以上のアナリストレポートを発行し、企業分析・企業価値評価を行う。日経ヴェリタスのアナリストランキング、トムソン・ロイターのアナリスト・アワード・ジャパンの機械部門にランクイン。J-MONEY によるベストリサーチハウス・ランキングの機械部門の所属会社ランクインに貢献。主な TV 出演歴は、BS テレビ東京・日経モーニングプラス FT。講演歴は、日経メディアマーケティング、宣伝会議、日本公認会計士協会、Schoo（スクー）など。

企業価値評価の教科書

2021 年 4 月 10 日　初版第 1 刷発行

著　者——高辻 成彦
　　　　©2021 Naruhiko Takatsuji
発行者——張 士洛
発行所——日本能率協会マネジメントセンター
〒103-6009　東京都中央区日本橋 2-7-1 東京日本橋タワー
TEL 03 (6362) 4339 (編集) ／ 03 (6362) 4558 (販売)
FAX 03 (3272) 8128 (編集) ／ 03 (3272) 8127 (販売)
http://www.jmam.co.jp/

装　　丁——重原隆
本文DTP——平塚兼右、新井良子、矢口なな (PiDEZA Inc.)
印　刷　所——シナノ書籍印刷株式会社
製　本　所——ナショナル製本協同組合

ISBN 978-4-8207-2886-3 C2034
落丁・乱丁はおとりかえします。
PRINTED IN JAPAN

IR戦略の実務

高辻成彦　著

IRの重要性は年々増しているが、個々の上場企業の情報開示の取り組みを見ると千差万別、IRのノウハウに乏しいのが現状である。また、社内からはIRの取り組みが理解されにくく、経営者もIRの必要性は認識しながらも、方法論が見出せずにいることが往々にしてある。そこで、IRオフィサーとして所属会社のIR優良企業特別賞受賞に貢献し、現在はアナリストとして四半期で60社以上もの企業を取材し、多くの企業のIRの課題に接している筆者が、企業価値向上のためのIRの基本について、より良いあり方を一冊にまとめた。

A5判　204頁

日本能率協会マネジメントセンター